幸福の原点

人類幸福化への旅立ち

大川隆法
Ryuho Okawa

まえがき

本書、『幸福の原点』に盛《も》られた思想は、私の考えとしては、比較的初期《ひかくてきしょき》のものです。しかし、その重要性は、年を追《お》うごとに増《ま》しつつあります。やさしい言葉で語られた思想こそ、実は根源的《こんげんてき》な力で人生の変革《へんかく》を迫《せま》るインパクト（衝撃《しょうげき》）を内包《ないほう》しているものです。

本書で語られた幸福になる方法で、奇跡《きせき》のように挫折《ざせつ》の人生から立ち直ったという歓喜《かんき》の声は、何千、何万というエコー（こだま）となって、私のもとに戻《もど》ってきました。こんな簡単《かんたん》な考え方が、人生を好転させ、人間関係を幸福化《こうふくか》するとは、思いもよらなかったことでしょう。

本書こそ、私があなたの人生に差し出す『コロンブスの卵《たまご》』（本文参照《ほんぶんさんしょう》）です。「霊的人生観《れいてきじんせいかん》」や「与《あた》える愛」、「信仰《しんこう》」や「人生勝利の方程式《ほうていしき》」を学びとってください。既刊《きかん》の『愛の原点』（幸福の科学出版刊）同様《どうよう》、あなたの新しい人生への良き手引書となることでしょう。

二〇〇二年　九月

幸福《こうふく》の科学《かがく》グループ創始者兼総裁《そうししゃけんそうさい》　大川隆法《おおかわりゅうほう》

幸福の原点　目次

まえがき　1

第1章　幸福の原点

1　人生の出発点　13
2　価値《かち》の発見　16
3　コロンブスの卵《たまご》　18
4　心の修行《しゅぎょう》　20
5　与《あた》える愛から始めよ　23
6　幸福の原点　27

第2章　与《あた》える愛について
――「幸福の原点」講義

1　ゼロからのスタート　31
2　発見の喜び　36
3　自己《じこ》を見つめ直す　40
4　観の転回　44
5　闇《やみ》のなかに光を見いだす　51
6　心がすべての世界　56
7　新しい観点の発見　60
8　正しき心の探究《たんきゅう》　68

9 人生の分水嶺《ぶんすいれい》 74
10 無償《むしょう》の愛へ 80
11 幸福の原点とは 88

第3章 人類幸福化《こうふくか》への旅立ち

1 新年に想《おも》う 93
2 大いなる愛の発見 98
3 光の旅路《たびじ》 101
4 前進、また前進 104
5 自と他を超《こ》えるとき 107
6 七つの幸福化宣言《こうふくかせんげん》 110

第4章　信仰《しんこう》の原点

1　仏神《ぶっしん》との出会い　115
2　心清《こころきよ》くあれ　120
3　自己顕示欲《じこけんじよく》との闘《たたか》い　124
4　劣等感《れっとうかん》と愛　129
5　信仰《しんこう》の原点　133

第5章　春爛漫《はるらんまん》

1　春の息吹《いぶき》　139

2　忍耐《にんたい》の時節　141
3　生命の奔流《ほんりゅう》　146
4　いざ発展《はってん》へ　151
5　限《かぎ》りなき叡智《えいち》の証明《しょうめい》　153

第6章　勇気の原点

1　勇気とは何か　159
2　慈悲《じひ》と勇気　162
3　指導力について　169
4　決断力について　172
5　勇気の原点　177

第7章　積極型人生のすすめ

1　フロンティア精神　185
2　常勝《じょうしょう》思考　189
3　積極的姿勢《しせい》　195
4　雪ダルマ型人生観　201
5　限《かぎ》りなき飛翔《ひしょう》のとき　207

第8章　大宇宙《だいうちゅう》の意志

1　銀河《ぎんが》と人間　213

2　三次元世界の真相　217
3　虚飾《きょしょく》を去れ　221
4　空手《くうしゅ》にして立つ　226
5　大宇宙《だいうちゅう》の意志　232
あとがき　235

第1章

幸福の原点

1　人生の出発点

人間はだれしも、ときおり、名状《めいじょう》しがたい不安に襲《おそ》われ、できれば自分の人生を投げ出し、逃《に》げ出したい気持ちに駆《か》られることがあります。しかし、こういうときこそ、踏《ふ》みとどまって、もう一度、自分の人生の出発点を確《たし》かめてみる必要があるのではないでしょうか。

人生の出発点――それはゼロからのスタートであったはずです。豊《ゆた》かな家庭に生まれたとか、貧《まず》しい家庭に生まれたとかの違《ちが》いはあっても、ほほえんでいる赤ん坊《ぼう》にとっては何の区別もありません。わずか三千グラムぐらいの小さな肉体のなかに、これから何十年かの人生レースを走り抜《ぬ》こうと静かな闘《とう》志《し》を秘《ひ》めている生命が、寝《ね》息《いき》を立てているのです。

そして、実在界《じつざいかい》の高級霊《こうきゅうれい》たちや本人の守護霊《しゅごれい》、あの世での友人たちが、眠《ねむ》りこけている赤ん坊の所へ、何度も何度も、励《はげ》ましの言葉をかけに来ているのです。

こうして、父や母の恩《おん》を受け、二十年間、成人するまでのあいだ、人にしてあげたことは少なく、人にしてもらったことは山ほどあるような時代を送るのです。

この間《かん》に、最初のつまずきとして、他人との比較《ひかく》、友人との比較をして不平不満を持ち、心がすさんでいく人たちもいます。これは、人生レースの一周目で、早くも転びかかっている人たちだと言えましょう。

幼《おさな》い少年少女たちは、早くも、自分たちがゼロから出発していることを忘《わす》れて、この世が自分の永遠のすみかであるかのごとく誤解《ごかい》しはじめるのです。その結果、自分に与《あた》えられていることの多さ少なさを、友人たちと比《くら》べはじめ、「あの子は医者の息子《むすこ》だから高価なセーターを着ている」とか、「自分は両親が共働きなので鍵《かぎ》っ子だ」とか、こんなことで悩《なや》みはじめるのです。

しかし、人間は本来、だれでもゼロからの人生の出発であったはずであり、ゼロの自分と比べてみたならば、少年少女時代には、多くのものを与えられているはずです。衣服、食べ物、住居、学校、先生、友人、お小遣《こづか》い、学用品、テレビ、ラジオ、ステレオ、そして何よりも未来への希望、このような多くのものを与えられているはずなのです。

ゼロから出発している自分であるならば、現在はプラスであるはずです。それにもかかわらず、他人との比較において、マイナスの自分を心に描《えが》き出しているのです。

そして、よくよく考えてみるならば、大人になってからも、心に苦しみをつくるのは、この他人との比較であることに気づきます。苦しみの根っこは、少年少女時代にすでに芽生《めば》えたものであり、ゼロからの出発ということを忘れて、他人と自分との持っているものを比較しはじめたときに源《みなもと》を発するのです。

「人間は『足ることを知る』ということが大事だ」と言われますが、実に、この「足ることを知る」の出発点は、「人間はゼロからスタートし、他のだれとも比較できない独自の人生を歩《あゆ》んでいるのだ」ということなのです。

2 価値《かち》の発見

しかし、人間は、子供《こども》のときのように、いつまでも他人との比較にばかり、ふけっているわけではありません。さまざまな経験を積み、さまざまな人たちと出会い、新たな思想とも出会います。そして、人生のどこかの時点で、宗教的《しゅうきょうてき》真理との出会いが、その人を待っています。

真理との出会い――それは発見の鋭《するど》い喜びです。人間の真実の価値《かち》は、その人に与えられた物の量や世間の評価にあるのではなくて、その人が人生の途上《とじょう》で発見した真理の質にあるのです。その深さにあるのです。その光の強さにあるのです。

私は、特殊《とくしゅ》な能力を持っている者として、この世を去ったさまざまな霊人《れいじん》たちとも話をする機会が多いのですが、毎回のごとく驚《おどろ》くのは、その心の段階《だんかい》の違いです。

優《すぐ》れた人々の言葉は、そのまま霊言集《れいげんしゅう》として、世の人々の心の糧《かて》となる書物になりますが、その逆《ぎゃく》に、恨《うら》みつらみの言葉や、「うーん、苦しい、苦しい」といった言葉しか吐《は》けない霊人もいます。

人間として地上に生きていたときには、それぞれの地位や立場があって、お互《たが》いに、そこそこの話し合いができた人たちが、あの世、すなわち実在界に還《かえ》ると、両極端《りょうきょくたん》の境遇《きょうぐう》へと分かれていくのです。

それは、心の世界では、その人が最も強く念じてきたこと、思ってきたことが、すなわち、その人自身の本質を象徴《しょうちょう》しているからです。

この真実を知るに至《いた》って、人生は百八十度の転換《てんかん》を見るのです。

つまり、自分の内なる仏性《ぶっしょう》を発見すれば発見するほど、その人は精神世界の高みへと飛翔《ひしょう》していくということです。

3 コロンブスの卵《たまご》

「コロンブスの卵《たまご》」の話をご存《ぞん》じでしょうか。コロンブスは、みずからの新大陸発見を「だれにでもできること」と評されたとき、周囲の者に対して、「それならば、卵を立ててみよ」と言い、衆人《しゅうじん》が試《こころ》みて、できなかったあとで、卵の尻《しり》をつぶして立ててみせました。この話は、だれにでも可能《かのう》なことでも、最初にあえて行うことは至難《しなん》であることを物語っています。

人生の真実も、ある意味で、このコロンブスの卵と同じなのです。過去の偉大《いだい》な宗教家たちは何度も何度も卵の尻をつぶして立ててみせているのです。つまり、「同じく人間の赤ん坊として生まれてゼロからスタートしても、生まれや育ち、環境《かんきょう》にかかわりなく、心の修行《しゅぎょう》を積めば、聖人《せいじん》になれる」ということを証明《しょうめい》しているのです。

この場合、コロンブスに見せられるまで衆人が気づかなかった、「卵の尻をつぶす」という行為《こうい》に当たるものは何なのでしょうか。

聖人たちは、凡人《ぼんじん》が気づかない、ごく簡単《かんたん》な真理を発見したのです。それは、「人間は、死んであの世に還るときに、地位や名誉《めいよ》、財産、物資は何一つ持っていくことができず、持って還れるものは心しかないのだ。持って還れるものが心しかないならば、その心を磨《みが》いて、より立派《りっぱ》なものにする以外に、人間の修行はありえないのだ」という真実なのです。

この答えを聞くと、「なんだ、そんなことなら、だれだって言える」と、うそぶく人は多かろうと思います。しかし、この答えを言う前に、その人に人生の修行の意味を問いかけても、決して、このような簡潔《かんけつ》な真理を回答してもらうことは期待できないのです。

過去の偉人《いじん》たちの生涯《しょうがい》が、「コロンブスの卵」の実例であったことを、多くの人々に気づいていただきたいものです。

4　心の修行《しゅぎょう》

みなさんは、すでに「卵の尻をつぶして立てる」という真理を知ってしまいました。つまり、「あの世に持って還れるのは心しかないのだから、心以外のものに興味《きょうみ》や関心を持ちつづけても、やがて、それは虚《むな》しさに帰着するだけだ」ということです。

偉人と凡人とを分けるのは、「心を磨く」ということに気がついて、それを実《じっ》践《せん》したかどうかなのです。幾《いく》ら高名であろうとも、心を磨くということに努力しなかった人は、偉人とは言えません。

アメリカ合衆国で大統領になった人は何十人もいるでしょうが、リンカーンが、いまもって尊敬《そんけい》されている理由は、彼《かれ》が大統領という最高の地位に就《つ》いたからではなく、常《つね》に心の修行《しゅぎょう》を怠《おこた》らなかった人物だからなのです。アメリカ国民が現代でもリンカーンを尊敬してやまないのは、「何人《なんぴと》に対しても悪意を抱《いだ》かず」という姿勢《しせい》を貫《つらぬ》いた彼の立派さにあるのです。

「だれに対しても悪意を抱かない」、こういう信条を持って、日々、努力、精進《しょうじん》している人を、みなさんは自分のまわりに見たことがありますか。こういうモットーを持ち、それを実践している人物を、身近に見たことがありますか。

リンカーンといえば、「南北戦争の主役で、北部と南部を統合した人」というイメージが強いでしょうが、彼は、妻《つま》や側近《そっきん》たちが南部の人たちをののしったとき、こう答えたことがあります。

「彼らのことをあまり悪く言うのはおよしなさい。私たちだって、立場を変えれば、きっと南部の人たちのようになるのだから」

「悪意を捨《す》てて、愛を取れ」「人を裁《さば》くな、人の裁きを受けるのが嫌《いや》なら」、こういう言葉を座右《ざゆう》の銘《めい》として、日々、精進していたリンカーンの姿《すがた》は、人々に一つの希望の原理を教えています。

つまり、彼のような、貧しい家庭に生まれ、世にもまれな醜《ぶ》男《おとこ》と言われ、一八六五年四月十四日金曜日の夜、フォード劇場《げきじょう》でブースの凶弾《きょうだん》に倒《たお》れた悲劇《ひげき》の大統領であっても、その心は、世界の人々から注目を受けるような黄金色《おうごんいろ》の光に満たされていたということです。

安宿に寝《ね》かされ、死を待つばかりとなったエイブラハム・リンカーンに対して、腹心《ふくしん》の部下、スタントン陸軍長官はつぶやきました、「ここに横たわっている人ほど、完全に人間の心を支配しえた人は、世に二人といないだろう」と。

自分の心を制御《せいぎょ》する、統制するということ、これ自体が一つの偉大な試みです。みなさんは手近なところから始めることができるのです。自分の心を完全に統制しえたとき、おそらく、その人は最も仏《ほとけ》に側近《そばちか》き人物なのです。心の世界の秘密《ひみつ》を解《と》いたとき、ユートピアはすぐそこに現出《げんしゅつ》するのです。

5　与《あた》える愛から始めよ

「人生はゼロからスタートし、多くの人々から多くの恩や愛を受けてきたものである」ということを、私は語りました。そして、「どのような環境にあろうとも、力を尽《つ》くして自分の心を磨けば、やがて偉大なる人物となる」ということを語りました。

みずからの価値は、みずからが創《つく》り出していくものなのです。生まれてからこのかた、あなたが、どのような環境のなかで、どのような経験をしてきたかによって、あなたの真価は定まりはしないのです。

また、霊的《れいてき》なことに異常《いじょう》に興味を持ち、霊能者《れいのうしゃ》に視《み》てもらった、みずからの過《か》去世《こぜ》を、立派な人物であったと吹聴《ふいちょう》して回る人もいますが、たとえ、そのことが事実であったとしても、それだけでは、その人の現在に、そして未来に、後光《ごこう》がさしてくるようなことにはなりません。あなたの現在の価値は、あなたがこれから何をなさんと欲《ほっ》しているかにかかっているのです。

ゼロから人生をスタートし、多くの人々から面倒《めんどう》を見てもらいながら、それでもまだ、自分の与えられた環境に不平不満を言いつつ生きていくのか。それとも、感謝ということを胸《むね》に秘めて、報恩《ほうおん》という行為でもって社会に還元《かんげん》していくのか。いったいどちらを選ぶかです。人生の一つの意味は試練であり、あなたは毎日毎日、試《ため》されているのです。

まず、「与《あた》える愛」から始めていきなさい。日々の努力目標を、まず、与える愛に置きなさい。あなたは人々に対して、社会に対して、いったいいかなる愛を与えることができるのでしょうか。

愛とは恵《めぐ》みです。それも、善《よ》き恵みであり、他人を生かしていこうとする力です。縁《えん》あって人生の途上で出会った人々に、生きていく勇気を与え、力を与え、希望を与えること、それが愛です。

こうしてみると、愛とは仏の心そのものであることに気づきます。仏の心とは、万象万物《ばんしょうばんぶつ》を生かし、はぐくみ、調和させんとする心です。すべてを成長させんとする念《おも》いです。

「与える愛から始めていこう」と決意したとき、その心は、仏の心と同質の光を帯びているのです。他を生かさんとする心の芽生えは、すでに仏の子として慈悲心《ひしん》が生《しょう》じてきたということなのです。

愛のなかにも、「奪《うば》う愛」という名の執着《しゅうちゃく》の愛もあれば、「与える愛」という名の、利己心《りこしん》と自己保存欲《じこほぞんよく》を捨てた愛もあります。

相手を奪い取り、相手の心をがんじがらめにするための、トリモチのような愛は、与える愛とは言わないのです。金銭や物品《ぶっぴん》を幾ら湯水のごとく注《そそ》ぎ込《こ》んだところで、それが相手をとりこにし、かごのなかの鳥にする目的をもってなされたものであるならば、それは、与える愛ではなく奪う愛であり、執着の愛なのです。

ほんとうの愛は、無私《むし》の愛であり、無償《むしょう》の愛であり、見返りを求めない愛であり、相手を自由に伸《の》び伸びと生かしめる愛です。相手を縛《しば》るのが愛ではありません。相手の心性《しんせい》の善なるを信じて解き放つのが愛なのです。

こうしてみると、与える愛の本質は、一日も休むことなく、無償で人々に光と熱エネルギーを供給《きょうきゅう》しつづける、あの太陽と同じであることに気づく人もいるでしょう。そのとおりです。与える愛の別名は、実は慈悲なのです。慈悲心なのです。慈悲の心が、与える愛の本質であり、仏の願いの中心でもあるのです。

奪う愛が産む子供は、嫉妬《しっと》という名の長女と、自己満足という名の長男です。奪う愛は、結局のところ、幸福のきっかけとはならないのです。

6　幸福の原点

こうして考えてみると、幸福の原点とは、与える愛の実践であり、仏の慈悲心とみずからの心の波長とを合わせることなのです。

己《おのれ》の心を空《むな》しゅうして、他人や社会に対して愛を与えていかんと決意するとき、そこにあなたの幸福の原点があるのです。

他人を苦しめて、みずからが得意がることが、幸福の原点であるはずはありません。

あのろうそくの炎《ほのお》のように、あの灯台の光のように、みずから自身が輝《かがや》き、まわりを光明《こうみょう》で満たし、闇《やみ》を追《お》い払《はら》う者となろうではありませんか。松明《たいまつ》から松明へと、火が次々と点じられていっても、最初の松明の火力が少しも減じないように、私たちの与えた愛も、人々の心から心へと次々に伝わり、やがて闇夜《やみよ》を照らしていくことでしょう。

第2章

与《あた》える愛について

――「幸福の原点」講義

1　ゼロからのスタート

本章では、第1章「幸福の原点」で述《の》べたことについて、さらに詳《くわ》しく語ってみたいと考えます。

第1章「幸福の原点」には、六つの柱が立ててあります。1節「人生の出発点」、2節「価値《かち》の発見」、3節「コロンブスの卵《たまご》」、4節「心の修行《しゅぎょう》」、5節「与《あた》える愛から始めよ」、6節「幸福の原点」となっています。

この辺に、何ゆえに幸福の科学に集《つど》って学ぶのかという問いに対する答えが示《しめ》されているわけです。

まず、「人生の出発点」という節があります。

みなさんは、多かれ少なかれ、やはり、何らかの自分の問題、悩《なや》みを持って、あるいは夢を託《たく》して、幸福の科学に来るのではないかと私は考えています。おそらく、何らの問題も持たずに、何らの問題意識も持たずに、幸福の科学に近づく人はいないはずです。

みなさんは、それぞれ自分自身のテーマを何か持っていて、それを追究しているでしょう。あるいは、その追究しているテーマ以外に、何か新しい発見があるのではないか、新たなる認識《にんしき》があるのではないか、新たな気づきがあるのではないかということを心に描《えが》いているはずです。

少なくとも、法を学ぶということは、何かを得ようとして努力しているということです。この意味において、みなさんは、ただ唯々諾々《いいだくだく》と流される日々のなかで、人生の七十年、八十年を送ってよいわけはないのです。

すなわち、問題意識のない人生を生きるということは、みなさんが、今生《こんじょう》において、何百年、あるいは何千年に一回の人生を生きているということの意味を見《み》過《す》ごすことになると思うのです。

みなさんのうちの大部分は、平均的に言えば、三百年ないし四百年に一回、地上に肉体を持ちます。たいていの人は何百年かぶりに地上に出ています。何十年かの人生を、新しい時代環境《かんきょう》のなかで勉強しようとして出てきたのです。

そうである以上、その数十年を使って、今生に学ぶべきことを徹底的《てっていてき》に学ばなければ、非常にもったいないことです。

この世には、そう簡単《かんたん》に出てこられないのです。この世に生まれ変わってくるには、やはり、それだけの条件があります。その人の魂《たましい》の修行に合った時代に、合った環境に、ある条件の下《もと》に出てくるのです。

みなさんのなかには、いろいろな哲学書《てつがくしょ》や文学書を読み、いろいろな人生の問題を考えるに際して、「人間は偶然《ぐうぜん》にこの地上に生まれてきた。両親を選べず、偶然に子供《こども》として生まれ、その投げ出された人生を生きていかねばならない」というような思想を学んだ人も多いと思います。いわゆる実存《じつぞん》主義の哲学です。

しかし、彼《かれ》らの考えは、はっきり言って間違《まちが》っています。人間は、偶然にこの世に投げ出されることは絶対にありません。生まれてくるときには、必ず、「人生の目的と使命」というものを設定して出てくるのです。

したがって、みなさんは、そのような考え、「偶然にこの世に生まれ出て、何の目的も持たず、何の理由も分からずに生きている」というような人生観を根底から捨《す》てて、新たな人生観を持たなくてはなりません。

人生には目的があるのです。一定の目的を持ち、一定の使命を帯びて、みなさんが地上に出てきているということは、百パーセントの真実なのです。

私はいま、この世を去った世界にいる多くの霊人《れいじん》たちと、日夜《にちや》、いろいろなことを考えたり話したり、談笑《だんしょう》したりしています。霊的世界は百パーセントあるのです。あるものは絶対にあるのです。そして、この世というものは、修行の場として設定されているのです。これは否定《ひてい》できません。

このことを受け入れるかどうかによって、今回のみなさんの人生は、百八十度、違《ちが》った人生となりうるのです。

「まったく偶然に生まれた。両親も選べずに、自分の気に入らない環境に出てきた」と思って生きる人と、自分自身が選んだ、その環境を、「自分の魂の修行になる」と思って生きる人とでは、心構《こころがま》えにおいて、人生の意味が大いに違ってくるはずです。ここを押《お》さえていない人が非常に多いのです。

みなさんは、自分がみずからの自由意志で生まれてきているということを忘《わす》れてはなりません。

ただ、自由意志ではあっても、自分の魂にとってふさわしい環境を、多くの人たちの指導の下《もと》に選んで生まれてきているので、その意味では、必ずしも本人がベストだと思った環境に出ていないかもしれません。しかし、その人の先生に当たる多くの人たちから、「君は今回はこういう所へ出たほうが魂の修行になる」と言われて出てきているのです。

そして、特筆《とくひつ》すべきことは、「過去、どのような経験を積んでいる魂であったとしても、今生《こんじょう》、出てくるときには、ゼロからスタートする」ということです。過去世《かこぜ》で、どのような修行をしていたとしても、どのような世界に住んでいたとしても、今世《こんぜ》、生まれ落ちるときには、まったくのゼロのところに引き戻《もど》されるのです。これが人生の秘密《ひみつ》です。

2　発見の喜び

これを、みなさんはどのように考えるでしょうか。公平だと思うでしょうか。それとも不公平だと思うでしょうか。よくよく考えていただきたいのです。

「幸福の科学では、この世的な物差しは通用しない」ということを私は明言しています。「この世での地位も名誉《めいよ》も財産も、学歴も年齢《ねんれい》も男女の別も、一切《いっさい》、関係ない。幸福の科学で尊敬《そんけい》されるのは、その人の悟《さと》りの段階《だんかい》である。悟りを得た人ほど、多くの力を持ち、その人の意見が多くの人に影響《えいきょう》するようになるであろう」という方針《ほうしん》をとっているのです。

これは不思議なことでも何でもなく、みなさんが何十年か前に地上に肉体を持ったとき、みな、そうされているのです。全員、ゼロからのスタートになっています。それだけ厳《きび》しい修行を与えられているのです。

したがって、過去、数百年のあいだ地獄《じごく》で苦しみ、ようやく第一段階の悟りを得て天上界《てんじょうかい》に還《かえ》り、地上に生まれ変わってきた人も、過去、菩薩《ぼさつ》として、あるいは如来《にょらい》として生きてきた人も、まったく同じスタートを切らされます。それだけの厳しい修行というものを予定されているのです。

考えてみれば、これが、万人《ばんにん》の魂を発展《はってん》させていくためには非常によいシステムであることが分かると思います。

たとえば、「自分は過去世において、ある国の王をしていた」「過去世において偉大《いだい》な宗教家《しゅうきょうか》であった」「過去世において偉大な学者であった」などということを、生まれてきたときに記憶《きおく》していたとして、それが今世の修行にどれだけ役に立つかという観点から見たならば、おそらく大きなお荷物になるであろう、負担《ふたん》になるであろうと思われるのです。

自然科学系統《けいとう》の人であるならば、物理学であるとか、電子工学であるとか、いろいろな理科系統の学問を勉強しているでしょうが、そういう人が、自分が過去世において、ニュートンのような、あるいはアルキメデスのような科学者であったということを、生まれつき知っていたり、両親から教えられたりしたならば、その人の人生は非常に窮屈《きゅうくつ》な人生になるであろうと思います。過去世の自分が得たところまで取り戻すだけでも、大変な修行です。

しかし、それをまったくの白紙《はくし》にされているということは、考えてみれば、大きな慈悲《じひ》です。

私はいま、幸福の科学の総裁《そうさい》として、みなさんの前で法話《ほうわ》をしたり、書物を著《あらわ》したりしていますが、こういう道に入るということに、おぼろげながら気がついたのは、生まれてから二十数年の歳月《さいげつ》が流れたあとでした。

これが幸か不幸かを考えてみるならば、やはり幸福であったと思います。そういう使命があることを、生まれたときから知っていたということではなく、普通《ふつう》の人と同じように生きていながら、そのなかで、しだいに自分の魂の芽《め》生《ば》えを感じ取っていったということは、非常に大きな幸福であったと思うのです。

人生には宝探《たからさが》しのようなところがあります。その宝が埋《う》まっていることを、最初から教えられていては、楽しくありません。生きている途中《とちゅう》で、旅の途中で、さまざまな隠《かく》された宝を探し出すことによって、そこに大いなる発見があり、大いなる喜びがあるわけです。

3　自己《じこ》を見つめ直す

みなさんは、人生の出発点がゼロからのスタートであったということを、もう一度、認識しなければなりません。そして、そういうことを認《みと》めるならば、みなさんは、日々、「もう一度、ゼロに戻して自分を考えてみる」という観点を忘れてはなりません。

この世の中で、いろいろなことがあったでしょう。学校生活において、夫婦《ふうふ》生活において、仕事のなかにおいて、いろいろなことがあったでしょう。自分のキャリアが認められることもあるし、認められないこともあるでしょう。

しかし、何があったとしても、振《ふ》り返ってみれば、「自分は裸一貫《はだかいっかん》、オギャアと言って生まれたのだ。そのときにおいては、他の人と自分の区別は何もなかった」ということです。

確《たし》かにないのです。三千グラムであるとか、二千五百グラムであるとか、重さに違いはありますが、どの赤ん坊《ぼう》がどのような人になるかは、まったく保証《ほしょう》の限《かぎ》りでないのです。

たとえば、いま、赤ん坊を七百人、九百人と集めたならば、それぞれがどういう人生を歩《あゆ》むか、区別はまったくつきません。しかし、それぞれの人が、いろいろな人生を生きていきます。

それはどうしてかというと、結局、「その人が育ち、そして生きていくなかにおいて、何を考え、何を思い、どう行動したか」ということが問題となってくるからです。

人間が地上に生まれるときには、天上界の守護霊《しゅごれい》や指導霊《しどうれい》、高級霊《こうきゅうれい》たちは、非常に大きな心配と同時に、期待、希望を持っています。

赤ん坊は、ときどき、一人でにこにこと笑っていることがあります。こういうときには、天上界の高級霊たちの笑顔《えがお》を見て喜んでいることが多いのです。

生まれ落ちたばかりのときには、素直《すなお》な心であるため、このような霊視《れいし》ができることがよくあります。一歳、あるいは二歳ぐらいまでは、霊視ができることがよくあり、親が見ても理由が分からないような表情をすることがあるのです。

しかし、だんだん、この世になじんでくると、そういう世界が分からなくなってきます。そして、地上の世界こそがすべての世界であると思って生きていくようになります。

成人するまでのあいだは、父や母、きょうだい、先生、友人など、いろいろな人たちの恩恵《おんけい》を受けながら育っていきますが、残念ながら、物心《ものごころ》つくまでは、そういう恩恵を受けて生きているということに気づかないことが多いのです。

そして、やがて他人との比較《ひかく》ということが頭をもたげてきます。最初のつまずきとして、友人と自分との差が気になってきます。小学生のあたりからでしょうか、着ている物とか、恵《めぐ》まれた家であるかどうかとか、このようなことがだんだん気になってきはじめます。

この他人との比較ということを通して、やがて、不平不満を持ち、心がすさんでいく人が出てきます。早くも、ゼロからスタートした人生であるということを忘れ、この世が自分の永遠のすみかであるかのように誤解《ごかい》しはじめるのです。

現在、みなさんが苦しみを持っているとすれば、その苦しみの最初の芽生えとして、他人との比較があったのではないかということを考えていただきたいのです。

不幸感覚の強い人は、何か自分の外にあるものに必ず責任を転嫁《てんか》していきます。それは、他の人であるか、自分が生まれ育ち、生きてきた環境であるか、どちらかです。必ずそういうことを気にしはじめます。そして、ないものねだりをする気持ちが強くなってくるのです。

これは大人になっても同じで、その振り子の揺《ゆ》れはますます激《はげ》しくなってきます。

だからこそ、ときおり、自分というものを、もう一度、ゼロに戻して見つめ直してみることが大事なのです。

4　観の転回

一流企業《きぎょう》に入って働いている人は、傍目《はため》から見れば、たいへん恵まれた環境にあるわけですが、その世界のなかにどっぷりとつかっていると、同じく一流企業に入って生きている人たちのなかで、自分がどのように扱《あつか》われているかを考えるようになり、自分より優《すぐ》れた人や、自分より優遇《ゆうぐう》されている人がいると、それだけで心に不平不満が出てきます。

しかし、翻《ひるがえ》って考えてみると、自分自身の現在の立場は、日本の全体から見れば非常に恵まれたところにあることも多いのです。

このような「ゼロに戻す」ということができない人にとっては、苦しみは、上塗《うわぬ》りをしていくように、どんどん増えていくことになります。

結局、「他人との比較の部分に苦しみが生まれる」ということを知っていただきたいのです。

大人になると、この他人との比較は二つの意味合いを持つようになります。一つは、「競争の原理」ということです。「他者との競争」という面があります。もう一つは、「切磋琢磨《せっさたくま》」という面です。このどちらを重視《じゅうし》して考えるかによって、その人の人生は大きく変わってくるのです。

他人との上下の感覚だけで物事を考えはじめると、人生は苦しみの面が多くなっていきます。しかし、切磋琢磨という方向を強く見ていったときには、大いなる福音《ふくいん》の面が出てくるのです。

みなさんのなかには、自分が持っていないようなものを持っている人、自分にないような環境のなかで生きている人を見たとき、心穏《こころおだ》やかでない人もいるでしょう。しかし、そういう人は、まだ本物の自分というものと巡《めぐ》り会っていないのです。

「他人というものがどうしても頭を離《はな》れないときは、まだ自分自身の本質に気づいていない。まだ本物の自分と出会っていない」ということを知らなければなりません。

結局、「世の中の人が素晴《すば》らしく見えること、自分以外の人が素晴らしく見えることが、自分を惨《みじ》めにする」という境地は、まだまだ本物の自分というものにぶつかっていないということだと思うのです。

本物の自分というものに出会ったならば、多くの人が素晴らしく見えてきます。素晴らしく見えることの喜びを感じます。そこに自分の魂の飛躍《ひやく》を感じます。すなわち、「自分以外の人のなかに少しでも美点を見いだし、その美点を自分の師《し》としていく」という考え方のなかには無限の発展があるのです。

「自分以外に学ぶべきものはない」「自分の考え以外に最高の考えはない」という考え方では、その人の人生は孤独《こどく》なものになっていきます。そして、他人を寄《よ》せつけないような性格になっていきます。

「自分以外の人のなかに優れたものがあったら学んでいこう」と思っている人にとっては、優れた人が世の中に多いということは、それだけ先生が多いということ、それだけ教材が多いということなのです。

したがって、恵まれた環境にある人を見て、その人を「素晴らしいな」と見ることができる心、あるいは、「こんな幸福な人がいてくれてよかった」と思うような心になったならば、みなさんは平凡《へいぼん》から非凡《ひぼん》への垣根《かきね》を越《こ》えてきていると考えてよいのです。この観点をよくよく考えていただきたいのです。

自分より恵まれている人を見たときに、ただ自分が惨めになるだけであれば、まだ、「さとり」の「さ」の字にも行《い》っていないということです。

「自分より優れた人が多ければ、それだけ先生が多いということだ。それだけ自分の目標もあり、それだけ自分の希望も描《えが》けるということだ」と見ていける人は、立派《りっぱ》な人です。それだけで、平凡ではありません。非凡の世界へと、一歩、踏《ふ》み込《こ》んでいるのです。

まず、「ゼロからスタートした」という観点を、常々《つねづね》、思い出すことです。そこに原点回帰して、自分を見つめてみることです。

そして、「ゼロからスタートしたわりには、けっこう、いろいろなことをやってきたではないか。いろいろな人に恵まれてきたではないか」ということが分かるようでなければ、ほんとうではありません。

「自分はとにかく人から悪く言われてきた。だれからも優《やさ》しくされなかった」と言う人は、目に鱗《うろこ》がかかっている人です。「これまで生きてきて、自分はだれの好意も受けなかった。だれにも愛されなかった」と思う人は、心のレンズがゆがんでいるのです。

心のレンズのゆがみを直して見たときには、そのようなことは絶対にないのです。多くの人の恩《おん》を受けているのです。多くの人に愛されてきたのです。直接的であれ、間接的であれ、それは事実です。また、いま生きていること自体も、大いなる恩恵を受けていると言えるのではないかと私は考えます。

「自分の人生の出発点はゼロからのスタートであり、また、数十年にわたる、多くの人の導《みちび》きによって、好意によって、現在の自分がある」ということを知ることが、結局、「足ることを知る」ということにつながっていくわけです。

「足ることを知る」ということは、決して、「そのままでよいではないか。何の発展もなくてもよいではないか。おまえはおまえで満足しておれ」というようなことではありません。

その認識の高さ、あるいは観の転回ということによって、新たな世界が見えてきます。いままで自分が光を当てていなかったところが、光が当たったように見えてくるのです。

こういう観の転回をせずして、ほんとうの意味で、自分の人生の意味を発見することはできません。

5　闇《やみ》のなかに光を見いだす

「人生の出発点」から始まって、みなさんは次に、「価値の発見」へと進んでいきます。

単に学校で友達と自分を比較したり、あるいは、社会に出て他人と自分のかかわりを考えたりしていくだけではなく、やがて自分の心の内に目が向いていきます。これは人によって遅《おそ》い早いがあります。遅い人もいれば、早い人もいます。しかし、人間はどこかで必ず、自分自身の性《さが》、自分自身のカルマ、自分自身の本質的な問題というものと対決するようになっているのです。

それが二十代に来るか、三十代に来るか、五十代に来るか、六十代に来るかは分かりません。それはその人自身の問題ですが、必ず、その人の今世《こんぜ》の人生にとって課題となっているものと直面することになるのです。

それは、あるときには、病気という課題であることもあります。あるときには、仕事の失敗、挫折《ざせつ》という課題であることもあります。あるときには、肉親と死別するということであるかもしれません。離婚《りこん》ということであるかもしれません。いろいろなことがあるでしょう。

しかし、その人の魂の修行として起こるべきことは、やがて必ず起こるようになっています。そのときに、裸の自分というものを、嫌《いや》というほど見せつけられるのです。

「自分は、自分は」という自分勝手な空想で、自分を殻《から》のなかに閉じ込《こ》め、無《む》菌《きん》状態、安全地帯に置いていた人は、やがて、他の人の手や自分自身の手、あるいは環境や時代など、何かの手を通じて、必ず、その保育器のなかから引きずり出されます。自分というものを、嫌というほど見せつけられるときが来るのです。

人生において、立派なこと、うれしいこと、喜びばかりがあるのではなく、悲しみや苦しみもあることの意味は、ここにあるのです。

苦しみのなかに、実は人生の砥石《といし》があるのです。悲しみのなかに、他者への愛が芽生えるきっかけがあるのです。人生にはいろいろな事件がありますが、そこに仏《ほとけ》の巧妙《こうみょう》なる仕組みがあるということを、みなさんは知らねばなりません。

心の豊《ゆた》かな人であるならば、喜びに満ちあふれた人生のなかでも、さらに悟っていくこと、伸《の》びていくこともできますが、自分の身に根本的《こんぽんてき》な問題が起きなければ分からない人にとっては、そういう問題が起きてきます。

そして、人間はやがて真理との出会いを経験するのです。

「真理との出会い――それは発見の鋭《するど》い喜びです。人間の真実の価値は、その人に与えられた物の量や世間の評価にあるのではなくて、その人が人生の途上《とじょう》で発見した真理の質にあるのです。その深さにあるのです。その光の強さにあるのです」と、第1章2節に書いてあります。

結局、「人生のいろいろな曲がり角において、どれだけの真理の質を発見しえたか。どれだけの深さに到達《とうたつ》しえたか。どれだけの光の強さを感じたか。そして、みずからも光を発することができたか」ということが問題なのです。

したがって、自分がどのような経験をしたか、どのような環境のなかに置かれたかということは、それほど大きなことではないのです。そこにおいて、その時点において、自分がどれだけの光を発揮《はっき》しえたかが問題なのです。

「自分はこんな不幸のなかにある」「自分はこんな肉体的ハンディを背負《せお》っている」と言う人よ。では、そういう条件下にあって、あなたはどれだけ光り輝《かがや》いたか。これをこそ、私は問うのです。

ホタルの光は、昼間灯《とも》っても、よく見えないものですが、日が暮《く》れてくると、だんだんに見えてきます。夜中になると、非常にはっきりと見えます。そういうものです。

人生は、暗闇《くらやみ》が濃《こ》く見えるようなときもありますが、闇が濃ければ濃いほど、光もまた強く見えるという真実があるのです。

みなさんは、自分の闇が濃いと思うならば、その濃い闇のなかにこそ、新たな人生のランプを、自分の希望の光を、自分の悟りの光を灯そうと考えていくべきです。

そのときに、その光の強さがやがて分かってくるでしょう。それを自分自身も認めるでしょう。他の人も認めるでしょう。そして、振り返ったときに、「自分としては実によくがんばった」と言えるようなことがあるでしょう。私はそう信じます。

6　心がすべての世界

私は霊的能力を持つ人間として、さまざまな霊たちと話をすることがあります。それは、天上界の諸霊《しょれい》であることもあれば、そうではないこともあります。

残念なことは、あるいは悲しいことは、人間として生きていたときに、それぞれ、背広《せびろ》を着、あるいはドレスを着て、「よい会社に勤《つと》めている」、あるいは「素晴らしい主婦である」と見えた人たちが、あの世に還《かえ》ってから、意外に悲惨《ひさん》な生活をしていることが多いということです。

そういう人を数多く見るにつけ、私は、「人間として生きて、あれだけ立派に光っていると見えた人が、どうして、このような世界に行かねばならないのか」ということを非常に感じるのです。

そして、そういう実体験を通して、「一人でも多くの人に、その人が生きているうちに、ほんとうの世界観を教えねばならない」と強く感じるわけです。他の人と普通の会話のできる人が、死んで、あの世に還ったときに、なぜ、恨《うら》みつらみばかりしか言えないような魂になるのでしょうか。なぜ、「苦しい、苦しい」としか言えないような魂になるのでしょうか。

人間として生まれて、こういう未来が待っているならば、たいへん悲惨です。それを知らないということは悲惨です。これが、今生《こんじょう》を何十年か生きた総決算であるならば、みなさんは、このような人生を決して受け入れることができないと思うのです。

ところが、それを知らないばかりに、このような数十年を生きている人がいます。そして、非常に厳しい、「裁《さば》き」という言葉でも言われる姿《すがた》そのものとなるのです。

ただ、裁きというものが実際にあるわけではありません。あの世の世界は心の世界であるため、心に思ったことがそのまま表れてくるということです。

この地上においては、心に思ったことは必ずしもそのまま出てこないで、表現、行動を通して表れます。また、自分が思ったことであっても、他人という存《そん》在《ざい》を通さなければ実現しないことも数多くあります。

しかし、地上を去った世界、実在の世界においては、心に思うことがすべてです。そのため、表面上は紳士《しんし》や淑女《しゅくじょ》のような顔をしていても、心のなかに、非常に苦しいもの、悲しいもの、汚《よご》れたものを詰《つ》め込んでいる人は、あの世に還ると、その自分が明らかに顕在化《けんざいか》します。その結果、もはや人間とは思えないような想念《そうねん》の世界のなかで生きることになるのです。

この意味において、死後の世界は両極端《りょうきょくたん》です。地上においては、そう大きな差がないと思われた人々の心の段階が、非常に大きく明確に分かれるのです。

あたかも、泥水《どろみず》がかき混《ま》ぜられ、やがて澄《す》んでいくときに、「上澄み液《うわずみえき》」「小さな粒子《りゅうし》がある部分」「底のほうにたまっているもの」といった何層《なんそう》かに分かれるように、みなさんが今世《こんぜ》を生きてきた心の、その質と量がふるいにかけられて、やがて明らかな差となって表れてくるわけです。

私はいま、非常に大事なことをみなさんに語りかけているのです。

その人が最も強く念じてきたこと、思ってきたことが、すなわち、その人自身の本質であり、心の世界では、それが前面に出ます。自分がどういう人間であるのか、どういう世界に生きる人間であるのかを知りたければ、自分が一日に思ったことを点検すればよいのです。自分が一日に思ったことの総決算が、この世を去ったときの自分の位置と姿を明らかに表《あらわ》しています。

この真実を知ったとき、その人の人生は百八十度の転換《てんかん》を見ざるをえないのです。

つまり、「自分の内なる仏性《ぶっしょう》を発見すれば発見するほど、その人は精神世界の高みへと飛翔《ひしょう》していく」という事実があるのです。

これを知ったならば、どうするか。それが次の問題となるわけです。

7 新しい観点の発見

コロンブスの新大陸発見の話は、みなさんの多くがご存《ぞん》じでしょう。

当時の人々は、地球が丸いということをなかなか信じられず、「東へ行けばインドに到達できるけれども、西へ行ってもインドに到達できるはずだ」と言われても、それを信じる人、支持する人は非常に少なかったのです。

しかし、コロンブスはあえてそれを実行しました。もちろん、実際に到達したのは西インド諸島《しょとう》ですが、新たな大陸発見への道を開いたことは事実です。

彼は祝賀会《しゅくがかい》の席において、その功績をいろいろな人からほめられたわけですが、そのときに、ある人が天《あま》の邪鬼《じゃく》にも、「そんなことは、船に乗って行けば、だれにでもできる。珍《めずら》しいことでも偉《えら》いことでもない」とコロンブスに言ったのです。

そこで、コロンブスは会場にいる人々にこう呼《よ》びかけました。

「ここに卵《たまご》がありますが、みなさんのなかで、これを立てられる人がいるなら、立ててみてください」

しかし、どう考えても、卵が立つとは考えられず、だれも立てられませんでした。

「それでは私がやってみよう」と、コロンブスはおもむろに卵を手に取り、なんと、その卵の尻《しり》を割って立てたのです。

それを見てしまえば、「なんだ、そういうことなのか。それなら自分も立てられる」とだれもが思うのですが、最初に「卵を立ててみろ」と言われたときには、だれもできなかったわけです。

このように、「結論《けつろん》を知ってしまえば簡単なことであっても、最初にその価値を発見し、最初にその行動をとることが、いかに難《むずか》しいか」ということを、このコロンブスの故事《こじ》から感じ取ることができるのです。

こういうことは現代においても数多くあります。みなさん個人個人の問題としてあるのです。結論を聞いてみれば、実に簡単なことで、「そんな容易なことか」と思うけれども、実際にはできないということがあるのです。

実に、霊的世界というものの発見も、これと同じかもしれません。

霊的世界は、ほんとうにある世界です。それだけのことなのです。こういう世界があるのです。そして、みなさんは転生輪廻《てんしょうりんね》という法則のなかに生きているのです。これは事実なのです。それを受け入れるか受け入れないかという一事によって、その人の人生は変わります。

現代の教育においても、「霊の世界など信じない。転生輪廻などあるものか」という意見が主流です。こういう主流のなかに流されている人は、「卵なんか立てられるはずがない」と言っていた人と同じなのです。

みなさんは、その〝卵〟をいったいどうやって立てるか、自分の問題として、とらえてみてください。どうやって自分の卵を立てますか。

「コロンブスだったら、こうするだろう」という、自分なりの新発見が何かあるのではないでしょうか。自分の現在の環境において、自分が育ってきた教育の場において、あるいは職場や家庭において、「コロンブスだったら、こういう発見があるのではないか。こういう行動があるのではないか」という観点が何かあるはずです。

みなさんの日常生活のなかに、必ず、この「コロンブスの卵」の部分があるのです。何か発見があるのです。新しい行動原理があるのです。

「自分がコロンブスであるならば、いったいどうするだろうか。他の人はそれを当然と思い、自分もその流れのなかで生きているけれども、もしかしたら、こういうことができるのではないか。こういう生き方ができるのではないか」という発見が、日常生活のなかにあるはずなのです。

その発見には大小さまざまなものがあるでしょうが、だれもが、このコロンブスの卵を発見する可能性《かのうせい》を持っていると私は考えています。「他の人の多くは、いまの自分と同じように生きるかもしれないが、まったく違う観点を持ってきて、まったく違う、発明者、発見者の立場から見たならば、もしかしたら、自分の人生は変わるのではないか」ということです。

これは事業経営を取ってもそうです。

たとえば、「いま、この業界は不況《ふきょう》であって、絶対にもうからない」というような議論《ぎろん》もあるでしょう。こういう考え方の人は、卵を立てようとしても立てられなかった人と同じです。

しかし、「不況だからこそ、できることもあるのではないか」という観点もあるわけです。自分の商売のなかで、「まわりの人は『不況で困《こま》った』と言っているけれども、物事には必ず両面がある。何か新しい観点があるのではないか。ひとつ、考えてみよう」と思い、じっくり考えてみると、意外なところで新しい発想が出てくることもあるはずです。

会社員でも同じです。

入社して、五年、十年とたち、仕事に慣《な》れてくると、毎日毎日を同じように流していくようになります。新入社員のときには、いろいろなことに気がついたのですが、やがて気がつかなくなり、「仕事というのは、こんなものだ。とにかく、九時に始めて、五時、六時までに終わればよいのだ」と考え、赤ちょうちんをくぐることだけに喜びを感じるようになっていることがあります。

しかし、十年選手となっても二十年選手となっても、ときおり、新入社員の目で自分の現在の仕事を見てみることです。そうすると、非常に疑問に思えることがあるのではないでしょうか。新入社員の目で見ると、意外に、「部長はこういうことを全然していない」「部長は変なことをしている」などという点に気がつくのではないでしょうか。「別の観点もありうるのではないか」と考えてみると、けっこうあるはずなのです。

もともと、みなさんは仕事のなかで、いろいろなことを発見していたのです。しかし、「会社のなかというのは、こういうものだ」という、しきたりや押しつけがあり、また、あまり自分の意見を言ったり、新しいことばかり言ったりすると、先輩《せんぱい》など、いろいろな人から批判《ひはん》され、「生意気《なまいき》だ」と言われます。

そういうことをいろいろ経験するにつれて、しだいにものを言わなくなり、新しい発見があっても言わなくなります。保守的《ほしゅてき》、コンサーヴァティヴになってくるのです。

このように、本来は会社のなかで革新的《かくしんてき》なことのできる人が、やがて、そういう希望の芽を摘《つ》み取られ、あるいは自分で腐《くさ》らせていき、何事もない日々を過ごし、給料だけを目当てに生きるようになっていくわけです。

しかし、その人の立場を問わず、「コロンブスの卵の部分が何かあるのではないか」という視点《してん》で毎日を考えたときに、新たな発見が必ずあるはずです。

それは商売でも同じです。レストランを経営している人であっても、喫茶店《きっさてん》を経営している人であっても同じです。

「なぜ、他の人と同じようなことをしなければいけないのか。そこに何か新しい発見があるのではないか。新しい行動原理があるのではないか。他の人がやっていないようなことで、何かやれることがあるのではないか」ということを集中して考えれば、意外に新たな発見があるはずなのです。

8　正しき心の探究《たんきゅう》

これは幸福の科学でも同じです。当会ではセミナーを開催《かいさい》し、試験を実施《じっし》していますこのように、みなさんの学習意欲《いよく》を非常に向上させることをしていますが、これもコロンブスの卵なのです。

宗教団体で、こういう試験を実施するところは、ほとんどないはずです。では、なぜやるかというと、ここに、新たなコロンブスの卵を出してきているわけです。新たな発見があるわけです。

だれかがやってみれば、他の人も「こういうことか」と思うのですが、新たにやるのは勇気が要《い》ることなのです。

最近になって当会に入った人は、これが普通だと思っているかもしれませんが、当初は、セミナーで試験を行うということに目をむいた人もたくさんいたのです。「何かの間違いではないか。宗教団体というのは、傷《きず》のなめ合いをするところだ。みんなで、『かわいそうだ、かわいそうだ』と言い合うところだ。そういうところで、こんなふうに点数をつけるのはおかしい」と言う人もたくさんいたわけです。それは、「卵は立たない」と言っているのと同じことなのです。

「では、立ててみようか」と言って、やってみると、どうなるかということです。最初にやるのは勇気が要りますが、やってみて、うまくいくと、他のところもまねをしはじめます。そういうものなのです。こういうスタイルは、やがて他の団体でもたくさんやるようになるだろうと思います。おそらく、まねをするでしょう。しかし、最初にやるのは難しいのです。

こういうコロンブスの卵の部分は、これからも幾《いく》つか出していきたいと思います。みなさんも、個人の生活や仕事の面で、こういう発見はあると思います。

結局、歴史上の偉人《いじん》、天才と言われる人々を見てみると、みな、この「コロンブスの卵」のよい例です。卵の尻を割って立ててみせた人ばかりなのです。

その当時にも、やはり多くの人々が生きていました。何万、何十万、何百万もの人々が生きていたなかで、天才となった人、偉人となった人の、その違いは何かというと、彼らは、だれもが与えられているようなもの、たとえば卵というものを、視点を変えて、立ててみせた人々だということです。

その環境はだれもが共有していたのです。まったく新たなものを引っ張《ぱ》り出してきたわけではありません。まったく新たなものを与えられて、やったことではないのです。そうではなくて、平凡な材料を使いながら、非凡な結果を出しているはずです。

そのコロンブスの卵の部分を大きな目で見たら、結局、「同じく人間の赤ん坊として生まれてゼロからスタートしても、生まれや育ち、環境にかかわりなく、心の修行を積めば、聖人《せいじん》になれる」ということを、偉人たちは実証《じっしょう》しているのです。

いま偉人と言われている人々の生涯《しょうがい》を振り返ってみると、恵まれた環境に出ている人は少ないのです。たいていの人、九分九厘《くぶくりん》の人は、逆境《ぎゃっきょう》を必ず通り越《こ》して、偉大な名声を築《きず》いているはずです。

では、どこに、そのポイントがあったか、錬金術《れんきんじゅつ》はどこにあったか、鉛《なまり》を変じて金としたのは、いったい何であったかというと、「心の修行」という、この一点にあったのです。

これは不思議なことでも何でもなく、みなさんが地上を去ったときに持って還《かえ》れるものは心しかないのです。あの世では手も足もありません。頭蓋骨《ずがいこつ》も脳《のう》もありません。こういうものがなくても、ものは考えられるのです。あの世の霊人たちは、脳がなくても考えを持っています。脳は一つの〝機械〟です。持って還るものは心しかないのです。これも一つの発見です。

心しか持って還れないのならば、この心をよくするしかないではないですか。簡単なことです。それだけのことなのです。これは卵の尻を割るのと同じです。

持って還るものは心しかないとすれば、毎日の幸福感、毎日の幸福に対する考え方は、がらっと変わってくるはずです。

自分の幸福を、「年収があと五十万円増えること」「夏物のドレスを早めに買うこと」「バーゲンで素晴らしいものを見つけること」などと考えても、こういうものは、あの世に持って還れません。そのようなもので幸福感を味わっても、はかないものです。

結局、持って還れるものが心しかないのならば、この地上での何十年かを使って、徹底的に心を鍛《きた》える以外にありません。心を磨《みが》く以外にないのです。それだけのことなのです。簡単なことです。簡単なことだけれども、なかなかできないのです。

そして、たいていの人は、その簡単なことにも気がつかないのです。「心というものについて考えたことがない」という人が大部分です。

幸福の科学では、「正しき心の探究《たんきゅう》」を掲《かか》げています。これは、言ってみれば当たり前のことですが、この当たり前のことができないのです。みなさんのまわりで、これを実践《じっせん》している人がいるでしょうか。職場の人、家族、友人で、日々、正しき心の探究ということを考えている人がいるでしょうか。おそらく、いないはずです。

しかし、これが実は黄金《おうごん》の道なのです。人生に勝利するための黄金の道は、これなのです。「日々、みずからの正しき心の探究をする」、これ以外にないのです。

この意識を持って毎日を生きている人と、そうでない人との開《ひら》きは、数十年後、非常に大きなものとなってきます。

たいていの人は、地上を去ってから、あわてて、その数十年分を総決算しなければいけなくなります。ところが、日々、正しき心を探究するということは、日々、人生の決算をしているということにほかならないのです。自分の人生の決算を毎日やっている人は、人生が終わり、地上を去るときに、すでに決算が出ているわけです。そのため、あの世に還ってからの学習の進度が非常に早いのです。これを知らなければいけません。

9　人生の分水嶺《ぶんすいれい》

本書の第1章4節「心の修行」では、リンカーンの例を挙《あ》げています。みなさんはリンカーンについて、もちろん、その名前を知っているし、その人生の事業の概略《がいりゃく》も知っているでしょう。しかし、アメリカで大統領になった人は何十人もいますが、そのなかで、なぜリンカーンがあれほど尊敬されているのか、しかもアメリカのみならず世界の人々に尊敬されているのかを考えたとき、「それは必ずしも彼の業績そのものが理由ではない」というのが私の考え方です。

リンカーンのような業績をあげた人は、歴史上、幾らでもいるのです。彼は南北戦争をやって、それを勝利に導《みちび》き、アメリカの意見を統一したわけですが、そういう事業だけをもって見れば、そのような軍事的な英雄《えいゆう》や政治的な英雄は、歴史上、世界各国に幾らでもいるでしょう。

そのなかで、リンカーンの非凡なところはどこにあるかというと、「何人《なんぴと》に対しても悪意を抱《いだ》かず」という彼の考え方にあるのです。

私はアメリカにいたときに、リンカーンの評伝《ひょうでん》を読んだのですが、題名は“With malice toward none”でした。malice は悪意で、悪意を toward none だから、「だれに対しても悪意を抱かず」という題になります。この題で評伝が出ているのですが、その題名を見ただけで、リンカーンだと分かるのです。というのは、アメリカの歴史のなかで、そういうことをモットーとし、テーマとした人として挙げられる人は、彼のほかにいないからです。

同じく第1章4節に、「『だれに対しても悪意を抱かない』、こういう信条を持って、日々、努力、精進《しょうじん》している人を、みなさんは自分のまわりに見たことがありますか」と書いてあります。実際にどうでしょうか。なかなかいないはずです。「だれに対しても悪意を抱かないで生きる」と決意して生きている人。そして、それを実践している人。こういう人は非常に貴重です。貴重な価値です。百人に会っても、一人も見当たりません。簡単なこと、当然のことですが、この簡単なことができないのです。この簡単なことを実践できた人、それがリンカーンなのです。

では、このリンカーンは、もともと、だれに対しても悪意を抱かない、穏《おだ》やかな人であったかというと、そうではないのです。若いころは、けんかっ早くて、ずいぶんいろいろなことをやっています。いろいろな人の批評《ひひょう》を書いて、相手を辛辣《しんらつ》にやっつけたりしています。弁護士《べんごし》になったころにも、相手をそうとうやっつけています。そういうことが、評伝を読むと書かれています。

あるとき、リンカーンは、あまりにも他の人をやっつけたため、その人から決《けっ》闘《とう》を申し込まれ、河原《かわら》で決闘するはめになりました。そして、ピストルを持ち、背中《せなか》を向け合って歩きはじめたとき、ある人が仲裁《ちゅうさい》に入って止《と》めたので、彼は命《いの》拾《びろ》いしたのです。

これで、さすがのリンカーンも肝《きも》を冷やしたのでしょう。「人を辛辣に批評することは、こういう結果を招《まね》く」ということを、つくづく感じたようです。

それ以後、彼は人生の転回をし、くるりと変えていきます。「他人に対して批評をし、その人を批判することは、実に簡単なことだ。しかし、だれに対しても悪意を抱かずに生きていくことは、非常に難しいことだ。自分が人生の道を選ぶなら、やはり難しいほうを選んでいこう」と決意したのです。

他人のあらを見て、それを言うのは簡単なことです。怒《いか》りをぶつけるのは簡単なことです。しかし、それを大いなる心でもって昇華《しょうか》させ、優しさでもって表《あらわ》していくのは、非常に難しいことです。この部分が、やはり、偉人と平凡人とを分ける点なのです。

決闘をするまでのリンカーンは非常に平凡な人です。「貧《まず》しい環境に生まれ、刻苦勉励《こっくべんれい》して、弁護士になり、政治家になった」ということであれば、よくある話です。

しかし、彼はそこで自分を大きく変え、以後、「他人に対して絶対に悪意を抱かない」ということを実践したわけです。「悪意を捨てて、愛を取れ」「人を裁くな、人の裁きを受けるのが嫌《いや》なら」、こういうことを彼は言っています。

　また、南北戦争中、自分のまわりの部下など、北部の人たちが、南部の人たちのことを悪く言っていたときに、彼は、「あなたがただって、立場が変われば、南部の人たちと同じようになるかもしれない。だから、彼らのことを悪く言うのはやめなさい」というようなことを言ったそうです。

　こういうことを言いながら、南北統一戦争をやれる指揮官《しきかん》がいるでしょうか。

この辺にリンカーンの非凡なところがあるのです。

　すなわち、「この世のことは、この世のこととして、解決していかねばならない問題がある。この世的に正邪《せいじゃ》を分ければ、邪と見えるものもある。しかし、それを包み込むものもある。善悪を包み込む、一段高い境地もある」ということを、彼は知っていたのです。

　たとえば、非常に善良な人であっても、仕事の面で間違いを犯《おか》すことはあるでしょう。そういう人に対して、しからねばならないこともあるでしょう。

ただ、そのときに、相手の立場も分かり、その人間性がよいことも分かりながら、仕事上、必要があって注意をする場合と、まったく単純《たんじゅん》に怒りをぶつける場合とでは、現象《げんしょう》として同じように見えたとしても、そのなかにおいて大きな違いがあるのです。

この大きな違いに気づかねばなりません。ここが、人生の分かれ目、人生の分《ぶん》水嶺《すいれい》となってくるのです。

10 無償《むしょう》の愛へ

第1章の結論の部分を、5節の「与える愛から始めよ」というところから考えていきましょう。

人生は、ゼロからスタートし、大勢の人から多くの恩や愛を受けてきたものなのです。しかし、それを忘れているのです。

そして、人生で成功していく秘訣《ひけつ》は、「どのような環境にあったとしても、力を尽《つ》くして自分の心を磨けば、やがて偉大なる人物となれる」ということです。

結局は、5節にもあるように、「あなたの現在の価値は、あなたがこれから何をなさんと欲《ほっ》しているかにかかっている」ということなのです。

過ぎ去った時間はあるでしょう。ただ、これから何をなさんとするのか、何を考えていくか、どう行動していくか、何を発見するか、これがすべてです。これなくして、いま本書を読んでいる値打《ねう》ちはないのです。

5節には、「ゼロから人生をスタートし、多くの人々から面倒《めんどう》を見てもらいながら、それでもまだ、自分の与えられた環境に不平不満を言いつつ生きていくのか。それとも、感謝ということを胸《むね》に秘めて、報恩《ほうおん》という行為《こうい》でもって社会に還《かん》元《げん》していくのか。いったいどちらを選ぶかです。人生の一つの意味は試練であり、あなたは毎日毎日、試《ため》されているのです」と書いてあります。

どちらを選ぶかです。感謝をして、世の中に返していくことを選ぶのか。それとも、不平不満の思いで生きていくのか。

事実としては同じかもしれません。目の前に投げ出された環境は同じかもしれません。しかし、この心的態度、心の態度によって、幸・不幸は大きく変わっていきます。同じ環境に対して、どういう心理的態度をとるかによって、その人の心のなかにおいて幸福と不幸が分かれていくのです。

したがって、「幸福の原点」とは、やはり、「外部環境や他人に対する、みずからの心の態度、アプローチの仕方を、いかに設定し、コントロールするか」という一点にかかっていると言わざるをえないのです。

他人の感情、他人の心を自由に変えることはできません。他人に影響を与えることはできますが、その人の自由意志を変えることはできません。自由意志とはそれほど強固なものであり、それだけ守られているものなのです。

ただ、同じ理論《りろん》によって、自分自身の心、自分自身の考え方は、百パーセント変えることが許《ゆる》されているのです。もし、これが五十パーセントしか変えられないとするならば、自分の人生に責任を持てません。しかしながら、自分自身の心は、百パーセント、自分の自由になるのです。

このような大いなる福音があるのです。そういうハンドルが与えられているのです。ハンドルは右にも左にも自由に切れます。それだけの自由が与えられています。その自由をどう行使していくか、ここにすべての責任の発生原因があるわけです。

私は、「まず、与える愛から始めていきなさい」と提案したいと思います。なぜなら、みなさんが気づくと気づかないとにかかわらず、みなさんは多くのものを与えられ、多くの人々から多くの恵みを与えられているからです。さすれば、人から与えられることだけでなく、そのお返しをしていく「報恩」ということが、何にも増《ま》して大事なことではないでしょうか。

「愛とは恵みです。それも、善《よ》き恵みであり、他人を生かしていこうとする力です。縁《えん》あって人生の途上で出会った人々に、生きていく勇気を与え、力を与え、希望を与えること、それが愛です」とも書いてあります。

「愛とは仏の心そのものである」ということに気づいてほしいと思います。

愛についての考え方は、幸福の科学のなかで骨子《こっし》となる部分の一つです。

大多数の人々は、愛ということを、「奪《うば》う愛」、あるいは「もらう愛」という観点から考えていることが多いように思います。特に女性はそうです。「もらう愛」「していただく愛」のことを、「愛」と言っているのではないでしょうか。その観点を変えないかぎり、ほんとうの意味で、心の安らぎというものは現《あらわ》れないのです。よく考えていただきたいと思います。

人からしていただいたことは、幾らでもあるでしょう。それを思い出せば、きりがありません。しかし、自分が人にしてあげたことは、思い出して、幾つ出てくるでしょうか。

「与えられた愛」と「与えた愛」、この両方を貸借対照表《たいしゃくたいしょうひょう》に書いて比較してみたとき、与えられた愛は非常に多くとも、与えた愛は少ないことを反省させられるのが常《つね》です。

大多数の人は、「右、左」というかたちで貸借対照表に書いてみると、与えられたことのほうが多くて、与えたほうは、ほとんどありません。ほんの数えるばかりしかないのです。自分で考えてみてください。あきれるほど、わずかしかありません。人に与えたことというのは、あまりないのです。ほんとうにそうです。

また、このときの注意点として、「他人の心をがんじがらめにするための、トリモチのような愛は、与える愛とは言わない」という観点を忘れないでいただきたいのです。

これは、子に対する親の愛によくあります。「自分は子供にこれだけしてやったのに、子供が親孝行しない」「成人している子供が親の面倒を見ない」と憤慨《ふんがい》する親がいます。親が、「子供にあれだけのことをした。食事の世話をした。子育てをした。学費を出した。それなのに、大人になったら、親のことを見向きもしない」などと言うことがよくあります。しかし、その与える愛が本物かどうかをよく考えていただきたいのです。

見返りを求めたときに、愛は死んでいきます。「相手を自分のとりこにするために、かごのなかの鳥にえさを与えるようなつもりで愛を与えていたのではないか」ということを考えていただきたいのです。ここに誤解があることがよくあります。

お返しをもらうためにするのを愛とは言わないのです。そういう観点から愛を考えてはいけません。それはギブ・アンド・テイクであり、商売と同じです。やはり、愛というものは、見返りを求めないで、ただ与えていき、そこに喜びを感じていくのでなければ、本物とは言えないのです。

「与える愛」という観点から考えるならば、逆《ぎゃく》に、相手を縛《しば》る愛を発揮《はっき》している人が数多いのも現代の特徴《とくちょう》です。縛る愛は、ほんとうは相手を愛しているのではなくて、相手を自分のとりこにし、自分の自由にしようとする自我我欲《じがが よく》であることが多いのです。しかも、これに気づいていない人は数多いのです。どうか、この辺に気づいてください。

「子供をとりこにしようとしていないか」「妻《つま》や夫をとりこにしようとしているのではないか」「恋人《こいびと》を縛ろうとしているのではないか」「会社の部下を、かわいがっているつもりで、実は自分の意のままにしようとしているだけではないのか」、こういう反省点を考えていただきたいと思います。

同じく5節には、「相手の心性《しんせい》の善なるを信じて解《と》き放つのが愛なのです」と書いてあります。そのとおりです。どうか、この考え方を忘れないで、みずからの愛を見直してみていただきたいと思います。

このように考えてみると、「与える愛」というものは、実は慈悲《じひ》と同じだということが分かります。仏の心と同じ、無償《むしょう》の愛ということなのです。

11　幸福の原点とは

結局、幸福の原点とは何でしょうか。すなわち、「己《おのれ》の心を空《むな》しゅうして、他人や社会に対して愛を与えていかんと決意する」――ここに幸福の原点があるのです。

これは、一本のろうそくに火をつけたならば、そこから千本でも万本でも火を取っていくことができるのに似《に》ています。そうではありませんか。マッチをすって、ろうそくをつけたら、そのろうそくの火でもって、百本でも千本でも万本でも、ろうそくに火がついていくのではないでしょうか。

与える愛の根底は、ここにあります。自分が輝くということが、結局、他に光を広げていくのです。そして、愛は、ろうそくの炎《ほのお》のように、決して減《へ》ることはありません。愛は、与えれば与えるほど増えていくものなのです。

この観点を忘れずに、最初の松明《たいまつ》の火、あるいは、ろうそくの火となるように、生きていただきたいと思います。

そして、「自分自身の幸福が、すなわち他人の幸福ともなる」ということを、肝に銘《めい》じていただきたいと思います。それが、幸福の科学の考え方の原点なのです。

第3章

人類幸福化《こうふくか》への旅立ち

1　新年に想《おも》う

いよいよ、光り輝《かがや》く一九八八年が始まりました。幸福の科学も、ようやく二年目、足かけ三年目に入るわけです。過去一年あまりの歩《あゆ》みを振《ふ》り返ってみると、けっこう激動《げきどう》の時期であったと感じます。

新しい年に入りましたから、本年度の抱負《ほうふ》を込《こ》めて、いろいろなことを考えていきたいと思います。

まず、新年にあたっての私の考えや会の方針《ほうしん》について、幾《いく》つか話をしておきましょう。

私は昨年、何度も何度も、みなさんに「基礎《きそ》づくりの大切さ」ということを語りました。そして、「土台から柱へ。内から外へ。この原則を踏《ふ》み外《はず》すなかれ」

と言いました。また、講演のなかでも、「いまやろうとしていることは、土台づくり、基礎づくりなのである」ということを述《の》べたはずです。

この方針は本年度も貫《つらぬ》かれる予定です。ことし一年が終わっても、会の発足《ほっそく》から、まだ、ほぼ二年です。私は基礎づくりの期間を約三年と考えているので、ことしが終わっても、もう一年、来年一年間を基礎づくりのために費《つい》やさなければなりません。この三年間に、私たちは会としての力を蓄《たくわ》える時期を持ちたいと思います。

会としての力を蓄える、この時期に、いったい何をやるのか、どういうことを中心にやっていくのかというと、第一に「法の基礎の確立」です。「法の基礎固め」が第一です。

昨年一年間も、私はずいぶん多くの本を出しました。ほぼ二十冊の書物《しょもつ》が出ました。ことしも、おそらく二十冊を超《こ》える書物が店頭に並《なら》ぶことになるでしょう。それだけ多くの書物を世に問うているのは、「一日も早く、法体系《ほうたいけい》の基礎固めをしなくてはならない」ということ、また、「私たちの教えの基礎をつくらなければ、それを広げる意味もない」ということに基《もと》づいているのです。

そして、最初の段階《だんかい》においては、霊言集《れいげんしゅう》、霊示集《れいじしゅう》の刊行《かんこう》は、「霊的世界の実証」という意味合いを兼《か》ねています。そういう意味もあって、次々と矢継《やつ》ぎ早《ばや》に出しているのです。年に一冊や二冊を出すだけでは、単なる創作だと見られてしまうおそれがあるので、そうではなく、ほんとうに霊天上界《れいてんじょうかい》から啓示《けいじ》を受けて書いているのだということを証明するために、普通《ふつう》の流行作家でも書けない速度で、続々と書物を出しているわけです。

しかも、その内容においては、人類の古今東西《ここんとうざい》を通じても最高レベルのものが展開《てんかい》されているであろうと感じています。

まず、「法の基礎の確立」、これが、ことしの重大課題の一つです。

二番目は「人材の養成」です。昨年以来、研修会やセミナーなどで、会員のみなさんに、さまざまな勉強を徹底的《てっていてき》にやっていただきましたが、ことしもまた、この方針を続けていきたいと思います。「一人でも多くの指導者を養成する。一人でも多くの阿羅漢《あらかん》をつくる」、これも今年度の課題になります。指導者というものは、何人いても足りないのです。多すぎて困《こま》るということはありません。

私の考え方は、「まず中心の部分から押《お》さえていく」というものです。すなわち、日本全国に仏法真理《ぶっぽうしんり》を弘《ひろ》めるためには、私一人が日本全国を歩き回る、走り回るということではなく、会員のなかから、重要な人物、指導者をどんどんとつくっていき、そういう人たちの力を用《もち》いて、自分自身の力を五倍、十倍、二十倍、五十倍、百倍にしていこうと考えているわけです。

ある程度、指導者を養成できれば、そういう人たちが私の代わりに会員を教育できるようになるでしょう。こういう体制を一日も早くつくりたいと思います。

指導者の養成が大事であり、指導者の養成さえできれば、今後、さまざまな展開、仏法真理の学習の方法論の展開が可能《かのう》になるのです。

また、書物や月刊誌《げっかんし》、CDなどが続々と出ているわけですから、こうしたものを大いに利用していただきたいと思います。

三番目は、「講演会などを通じての直接的な呼《よ》びかけを、できるだけ行う」ということです。大勢の人たちに私自身が直接語りかける機会を数多くつくっていくつもりです。したがって、ことしから、法の伝道の最初の展開が始まっていくと考えてもよいと思います。

一番目に、法の基礎をつくること。二番目に、指導者を養成すること。三番目に、実地に法を弘めること。こういう話をしました。

そして、これらを総括《そうかつ》する意味でも、四番目に、「組織の強化」「組織づくりの充実《じゅうじつ》」が大事です。「どれだけ効率的な組織をつくり上げるか。どれだけ機動性に富《と》んだ組織をつくり上げるか」、これも本年の課題です。

数多くの指導者をつくっても、それがばらばらに機能していたのでは、ほんとうの力にはなりません。それをどのように組織化して、全国展開できるような体制をつくっていくかという点に関して、非常に多くの精力を注《そそ》いでいきたいと考えています。

2 大いなる愛の発見

本年度、当会はさまざまな活動をしていく予定ですが、その途中《とちゅう》において最も大切なこと、課題としたいことは、いったい何かというと、「大いなる愛の発見」ということです。

古来、愛についてはさまざまに語られてきました。みなさんは、それを何の判断もなく鵜呑《うの》みにするかたちで、愛とは素晴《すば》らしいものと受け取っていると思います。しかし、この愛について、徹底的に考えていただきたいと思うのです。それも、単に人間のなかにある愛だけではなく、仏《ほとけ》の愛について深く深く考えていただきたいのです。

大いなる愛の発見、これが大きなテーマになっていくと思います。

実際に、愛というものは、いろいろなかたちで働いているのです。それは、目に見えるかたちではありません。目に見えないかたちでもって、仏の血液のごとく、全世界を、そして、この日本国中を、そのなかに住む人々の心のなかを、駆《か》け巡《めぐ》っているのです。

その大いなる愛の発見が大事であろうと思います。それは、みなさんがこの時代に生かされているということ自体の自覚でもあるし、みなさんが永遠の転生輪《てんしょうりん》廻《ね》のなかにあるということ、そして、いまという時代に、この日本に生をうけているということ、この意味をかみしめることでもあろうと思います。

みなさんがいま立っている基盤《きばん》、この時代と場所と人とを見たとき、みなさんは同時代において、どういう大きな愛を享受《きょうじゅ》していることになるのかを知らねばならないのです。こういう愛を感じ取る能力も大切です。

大いなる愛のなかに、仏の愛のなかに生きているということを発見すること、それが新たなる行動の原理となるのです。それが感謝の出発点となるのです。感謝ということから、報恩《ほうおん》、恩に報《むく》いていく。その仏の愛に応《こた》えていく。大いなる愛に気づいたならば、大いなる愛を発見したならば、その愛を、行為《こうい》でもって人々のあいだに表《あらわ》していく。そういうことが大事なのです。

したがって、単に人々の心のなかに愛を発見するだけでなく、また、自分の心のなかに愛を発見するだけでもなく、大いなる仏の働き、仏の大いなる御手《みて》の、愛としての働きの発見、「この地球という磁場《じば》に、日本という環境《かんきょう》に、仏法真理が説かれる、この時代に、生まれ合わせた」という大いなる愛の発見、これを基点として、基軸《きじく》として、新たな行動原理をつくっていきたいと考えています。

3　光の旅路《たびじ》

ある霊人《れいじん》は霊示集のなかで、「人々の一人ひとりが、輝きながら、光として、光の使徒《しと》として、光の天使として、日々を十二分に生きながら精進《しょうじん》し、毎年の歳月《さいげつ》を積み重ねていくことが、すなわち光の行軍《こうぐん》である。力強い、勇気ある、光の行軍である」ということを言っていました。

まさしく、みなさんの活動は、光の行軍であり、大いなる光の旅路《たびじ》でなければならないと思うのです。

では、光の旅路として、いったい何を考えればよいのでしょうか。何を心に思い浮《う》かべればよいのでしょうか。何を期待すればよいのでしょうか。

ここで考えなければならないことは、「単なる自分のための旅路ではない」ということです。向かう先は、仏の住まう大殿堂《だいでんどう》です。行く手には、仏が住まう大殿堂があるのです。そこに至《いた》るために、大いなる、聖《せい》なる街道《かいどう》、あるいは聖なる大道《だいどう》があるのです。目の前に、まっすぐに、大きな大きな道が開《ひら》けているのです。みなさんは、これをまっしぐらに歩んでいかねばなりません。

ところが、みなさんは、ともすれば、「ああしたい、こうしたい」という、小さな自分の思い、自己《じこ》実現の思い、希望、期待、こういうものに振り回されがちです。

自己実現には、大きな意味合いもありますが、小さな意味合いもあります。「自分がよければ」という意味での自己実現であるならば、これは小さな思いです。そのような自己実現のための光の旅路であってはいけません。大いなる自己実現のための光の旅路でなければならないのです。

では、大いなる光の旅路としての自己実現とは、いったい何でしょうか。それは、仏の手足としての自分、その実現です。あるいは、仏の御心《みこころ》に奉仕《ほうし》するための自分、その実現です。こういう気持ちを決して決して忘《わす》れてはならないのです。

幸福の科学の幹部《かんぶ》や講師も、あるいは、支部や拠点《きょてん》のさまざまな役職に就《つ》いている人も、どうか、自分を偉《えら》いなどと思わず、日々、謙虚《けんきょ》に、「自分は仏の手足の一部として、人さし指の働きでも、小指の働きでもできればよい」という気持ちを忘れないようにしてください。

幸福の科学には光の天使も数多く集まってきていますが、自分が光の天使だと目覚めても、それで増上慢《ぞうじょうまん》となったり、傲慢《ごうまん》になったりしてはいけません。光の天使であると自覚すればするほど、謙虚になる自分でなければいけません。偉い人であればあるほど、仏に対して、より多く仕《つか》えなければいけないのです。

自分が人より偉いとか偉くないとか、そういうことにこだわっているようでは、まったく仏の役に立っていないということを知りなさい。考えなさい。

特に、指導者となっていく人たちの持つべき心構《こころがま》えとして、これを言っておきたいと思うのです。

自分が偉いと思ってはならない。自分はボランティアであるということを忘れてはならない。仏の光の旅路、これへの奉仕のためのボランティアであるという気持ちを断じて忘れてはならない。これを、くり返しくり返し言っておきます。

4 前進、また前進

そういう大道《だいどう》に就き、仏の御心《みこころ》を自分の使命として、大いなる心のなかで進んでいくことが、みなさんの活動のあり方です。そこに一点の迷《まよ》いも、一点の逡巡《しゅんじゅん》もあってはなりません。

「前進、また前進」あるのみです。迷いさえなくなれば、あとは進むのみです。まっすぐに進んでいくことです。

その途上《とじょう》において、さまざまな困難《こんなん》も障害《しょうがい》もあるでしょう。あるいは、私たちを認《みと》めない人もいるでしょう。しかし、彼《かれ》らが現時点において私たちを認めないからといって、彼らを悪と決めつける必要もないのです。

われらは大いなる愛の大河《たいが》です。愛の奔流《ほんりゅう》です。愛の奔流というものは、その流れのなかに、どのような堤《つつみ》が築《きず》かれようとも、どのような大岩《おおいわ》があろうとも、どのような大木《たいぼく》が倒《たお》れていようとも、それを乗り越《こ》えていくのです。乗り越え、乗り越えて、どんどんどんどん押し流していくのです。こういう愛の激流《げきりゅう》、善念《ぜんねん》の激流でもって、私たちは進んでいこうと思います。

「前に障害物があるから進まない」とか、そのようなものではなく、「それを乗り越えていく。いや、その下をくぐってでも行く。あるいは、横に回ってでも出ていく」、そういう大いなる愛の大河として、奔流として、流れていく必要があるのです。

こうするときに、あらゆる悪はないのです。あらゆる敵《てき》はないのです。敵と見えるのは相対観《そうたいかん》にしかすぎません。絶対的な見地から言えば、愛に敵はないのです。圧倒的《あっとうてき》善念ですべてを包んでいくとき、そこに敵はないのです。

そこに反対者がいるということは、まだみずからの愛が浅いのだということです。それを知りなさい。もっともっと大いなる愛、仏のような大いなる愛でもって人々を包んでしまうなら、そこには悪も敵もないということを知りなさい。

こういう大きな見地から、「前進、また前進」をくり広げていきたいと思うのです。

5　自と他を超《こ》えるとき

ここで、もう一つ考えておかねばならないことは、「自と他を超《こ》える」ということです。

「大いなる愛の発見」ということを述べましたが、この時代に生まれ合わせて、しかも幸福の科学の会員になっているということは、大きな使命を持っているということなのです。これは間違《まちが》いのないことです。みなさん一人ひとりが、間違いなく、大きな使命を持っているのです。

そこで大事なことは、自と他を隔《へだ》てないということです。

霊天上界においても、さまざまな個性はあります。さまざまな高級霊《こうきゅうれい》の個性があり、教えの多様性があります。

しかし、それはあくまでも多様性であって、個性の変化する姿《すがた》ではあるけれども、お互《たが》いに排斥《はいせき》し合うものではないということを知らねばなりません。多様な個性というものは、共に合流して大いなる光の芸術をつくるためにあるのであって、お互いに他を批判《ひはん》したり、他と排斥し合うためにあるのではないのです。さすれば、愛の実践《じっせん》において、愛の行為において、愛の行軍において、自と他を超えるということが大事です。

自と他の壁《かべ》をどのように超えていける自分であるか、これを考えていただきたいと思います。

一日のうちに心のなかに去来《きょらい》した思いを点検するとき、「『自分が、自分が』という気持ちが強くなかったか。『自分は不幸であった』『自分はきょうはよかった』『自分はこうなりたい』など、『自分が、自分が』という言葉、『私は、私は』という言葉が、心のなかで一日中くり返されていなかったか」、こういうことを振り返っていただきたいのです。

仏の経綸《けいりん》というものは、何の引っかかりもなく全宇宙《ぜんうちゅう》を貫《つらぬ》いています。全宇宙を循環《じゅんかん》しています。何の引っかかりもなく、自も他もなく、そのなかを、仏のエネルギー、愛のエネルギーが循環しているのです。

したがって、「自分が、自分が」「あいつは、あいつは」「あなたは、あなたは」というような気持ちが強い人は、もう一度、そういう自分というものを振り返ってみる必要があります。

ほんとうに優《すぐ》れた心境の人には、自分ということを、私ということを考えないでも、一日一日が素晴らしく過《す》ぎていくような時というものがあるのです。そういう流れていくような時、透明感《とうめいかん》あふれる時というものを大事にしていただきたいと私は思います。

6　七つの幸福化宣言《こうふくかせんげん》

本稿《ほんこう》を締《し》めくくるにあたって、私は「七つの幸福化宣言《こうふくかせんげん》」をしておきたいと思います。もちろん、これは人類幸福化のための宣言であり、私たちの戦いの進軍ラッパ、進軍の旗でもあるのです。

〈七つの幸福化宣言〉

第一の宣言〈仏法真理の探究《たんきゅう》〉

われらは人類幸福化のために、徹底的に仏法真理の探究をすることを目標とする。

第二の宣言〈仏法真理の学習〉

われらは人類幸福化のために、徹底的に仏法真理の学習をすることをここに誓《ちか》う。

第三の宣言〈仏法真理の伝道〉

われらは仏法真理の伝道のために、全精力を費やすことをここに誓う。

第四の宣言〈愛の実現〉

われらは大いなる愛を発見し、その愛の実現のために、日々、生きることをここに誓う。

第五の宣言〈幸福の創造〉

われらは現時代の人々のみならず、後世《こうせい》の人々の幸福をも創《つく》り出すための具体的実践活動を行う。

第六の宣言〈人類の発展《はってん》〉

われらは人類の発展をもって、われらの大いなる目標とする。

第七の宣言〈ユートピア建設〉

われらの最終の課題は、この地上をユートピアにすることであり、また、四次元以降の霊天上界をもユートピアと変えることである。すなわち、仏の創りたるすべての世界をユートピア世界とすることである。

人類幸福化のために、私は、すべての時間を投入して、あらゆる活動をやっていきたいと思います。

みなさんも、自分の時間のなかで、いったい自分に何ができるのかを考えていただきたいのです。魂《たましい》を揺《ゆ》さぶられたならば、その感動をどのようにして他の人々に伝えていくかを考えていただきたいのです。

仏法真理の探究・学習・伝道。正しき心の探究から始まった、幸福の原理。こういうことを、さらに一歩、進めるみなさんであってほしいと思います。

第4章

信《しん》仰《こう》の原点

1　仏神《ぶっしん》との出会い

本章では、信仰《しんこう》について考えてみたいと思います。

信仰というものを考えるときに大事なのは、やはり、仏神《ぶっしん》との出会いということだと思います。仏神との出会いのときは、人間にとって、いちばん厳粛《げんしゅく》なる瞬《しゅん》間《かん》であり、いちばん聖《せい》なる瞬間でもあります。

みなさんは、幼《おさな》いころより、釈尊《しゃくそん》の仏像を見たり、十字架上《じゅうじかじょう》のイエスの姿《すがた》を描《えが》いた絵などを見たりして、いろいろと宗教的《しゅうきょうてき》なものに接《せっ》したことはあっても、それらはすべて、自分の外にあるもの、窓《まど》の外、カーテンの外にあるものといった感じが強かったであろうと思います。

しかし、人間は、ある時点で仏神と出会うように仕組まれているのです。

仏神との出会いの契機《けいき》として、一つには、この世で人間として成長していく途《と》中《ちゅう》における、大きな失敗、挫折《ざせつ》ということがあるでしょう。大きな病《やまい》、受験や就《しゅう》職《しょく》の失敗、恋愛《れんあい》や結婚《けっこん》の失敗など、さまざまなかたちでの失敗、挫折が、人間を仏神のほうへと深く深く向き直らせる契機となっているのです。

苦難《くなん》や困難《こんなん》、失敗、挫折というものは、世間では悪いことの象徴《しょうちょう》のように言われていますが、必ずしもそうとは言い切れない面もあるわけです。「失敗のなかに成功の因《いん》があり、また、悲しみのなかに喜びの種がある」という、ものの見方が非常に大事だと思います。

世の中を非常に単純《たんじゅん》に、二元論的《にげんろんてき》に見る人は、「仏神が存在《そんざい》するなら、世の中には、なぜ不幸があるのだろうか。なぜ辛酸《しんさん》をなめるような経験があるのだろうか。なぜ死というものに出会う悲しみがあるのだろうか。なぜ別離《べつり》という悲しみがあるのだろうか。なぜ貧乏《びんぼう》という名の苦しみがあるのだろうか」ということを感じます。

しかし、そのような苦しみや悲しみは、単なる苦しみのための苦しみであったり、悲しみのための悲しみであったりすることはありません。苦しみや悲しみと見えるものは、実は、姿を変えた、仏神の大いなる愛であることが多いのです。

仏教では、さまざまな試練を観世音菩薩《かんぜおんぼさつ》の方便《ほうべん》であると言うこともあります。いろいろな試練と見えるもの、砥石《といし》と見えるもののなかに、実は、仏神との出会いがあるのです。

「子供《こども》として健康に育ち、まずまずの成績を収《おさ》め、まずまずの進学を果たし、まずまずの就職をし、まずまずの結婚をし、よい子供を持ち、年老《としお》いて死んでいく」というだけでは、なかなか仏神との出会いはないかもしれません。

しかし、九十九パーセント以上の人は、どこかで挫折を経験しています。夜、眠《ねむ》れないような経験をしています。だれであろうと、必ず、食事が喉《のど》を通らないような経験、夜、眠れないような苦しみ、焦燥感《しょうそうかん》を味わったことがあるのです。

ただ、問題は、それに対する評価の仕方、考え方、とらえ方だと思います。すなわち、「そのような苦難や困難、あるいは焦燥感、苦しみ、悩《なや》みと出くわしたときに、それを悪の実在のように思い、世を呪《のろ》い、仏神を呪い、人を呪うか。それとも、そのなかに、自分の成長を促《うなが》す何かを感じ取るか。仏神の方便を感じ取るか。仏神の大いなる愛を感じ取るか」という違《ちが》いであろうと思います。

これは決して悲しみについてだけ言っているのではありません。仏神との出会いは、喜びのなかにもあります。

思いもしなかったような大成功ということもあります。まったく思ってもいなかったときに、結婚ができるという喜びもあるでしょう。数年、あるいは十年、「子供ができない」と思って悩んでいた夫婦《ふうふ》に、子供ができるという喜びもあるでしょう。「自分は永遠に出世《しゅっせ》できない」と思っていた人が、意外にも社長にまで出世するというような喜びもあるでしょう。

このような、この世ならざる成功においても、仏神との出会いがあるかもしれません。そういうときに、人間は手を合わせて仏神に感謝せざるをえなくなるからです。

このように、人生のいろいろな時点において、仏神との出会いがあるのです。ただ、それに鈍感《どんかん》な人たちが数多いことも事実です。

どうか、悲しみと喜びという人生の両極端《りょうきょくたん》において、仏神との出会いということを感じ取っていただきたいのです。それが、より高い人生観獲得《かくとく》への第一歩ともなるということを、まず述《の》べておきたいと思います。

2　心清《こころきよ》くあれ

「仏神との出会い」という話をしてきましたが、人生のさまざまな経験に際して、仏神と出会うための方法とは、いったいどういうものなのでしょうか。これについて話をしてみたいと思います。

『聖書《せいしょ》』のなかには、この方法論が明確にうたわれているところがあります。それは「山上《さんじょう》の垂訓《すいくん》」といわれている部分です。イエスははっきりと、こう言っています。

「心清《こころきよ》き者は幸《さいわ》いである。汝《なんじ》らは神を見るであろう」

この一行《ぎょう》の文句は、長年、クリスチャンたちを支《ささ》えてきました。クリスチャンたちは、この言葉に支えられて生きてきました。

「とにかく心清く生きよう。心清く生きたときに、神を見ることができる。イエス様もそう言っているではないか。この一条、この一言《ひとこと》を信じよう。そうすれば神に必ず会えるに違いない」

二千年ものあいだ、多くのクリスチャンたちは、こういう気持ちで生きてきたのです。

「心清き者は幸いである。汝らは神を見るであろう」、このイエスの端的《たんてき》な言葉、これがすべてです。

私は、「反省をして心の曇《くも》りを取り除《のぞ》いたならば、天上界《てんじょうかい》の光がさんさんとさし込《こ》んできて、四次元以降の世界と同通《どうつう》し、守護《しゅご》・指導霊《しどうれい》とも話ができるようになる」ということを説いています。これは理論的《りろんてき》にはそのとおりですが、この実際のあり方は、実に二千年の昔にイスラエルの地でイエス・キリストがすでに教えているとおりなのです。

「心清き者は幸いである。汝らは神を見るであろう」、このとおりです。反省的瞑想《めいそう》といわれていることも、結局、イエスの言う「心清くあれ」という言葉、「心清き者は幸いである」という言葉なのです。心を清くすることが、神秘《しんぴ》体験を積むことにつながっていくのです。

では、心を清くするためには、どうすればよいのでしょうか。それは、まず、自分の間違《まちが》った思いを修正していくことではないでしょうか。仏神の喜ばないような思いを持った自分であるならば、それを反省することではないでしょうか。また、間違った行いをしたときには、それを深く詫《わ》び、懺悔《ざんげ》することではないでしょうか。それが、心清くあるということではないでしょうか。

人間は、過《あやま》ちを犯《おか》しやすい存在です。間違いを犯しやすい存在です。だからといって、過ちを犯さないように、間違いを犯さないように、何もしないで、じっとしていればよいかといえば、そうではありません。

過ち、間違いを犯しやすい人間であるからこそ、日々、みずからを見つめ、反省し、祈《いの》りを通して、真実の生き方をしていかねばならないのではないでしょうか。そのときに大切なのが、この「心清き者は幸いである」という言葉ではないでしょうか。

いま、世の多くの人々は自分の人生観のままに生きていますが、各人が「よし」としている、その人生観のなかに、「心清く生きよう」という思いがある人は、いったいどれだけいるでしょうか。私は率直《そっちょく》に言って、百人に一人もいないのではないかと思うのです。

みなさん、道行く人々に問いかけてみてください、「あなたは心清く生きようと思っていますか」と。そう問われて、「そうだ」と答える人は、まれです。日曜礼拝《れいはい》の帰りのクリスチャンをつかまえて、そういう問いかけをすれば、「そうだ」と答える人は多いかもしれません。しかし、彼《かれ》らも、儀式《ぎしき》や行事のときにはそう思っても、毎日の生活のなかでは、なかなか、そうは思えないものです。したがって、私はみなさんに、「ただ心清くあれ。心をますます純化《じゅんか》していけ。その途中において、何らかの神秘体験を得るであろう。仏神の存在を実感するような体験を得るであろう。大いなる奇跡《きせき》を感じ取ることもあるであろう」と言いたいのです。

3　自己顕示欲《じこけんじよく》との闘《たたか》い

心清く生きることの大切さについて話をしてきましたが、これは、もう一つの面からの検討《けんとう》が必要だと思います。

幸福の科学に集まっているみなさんは、やはり菩薩《ぼさつ》を目指しているであろうと思います。そして、そういう自覚が、みなさんがより高い目標に向けて、一歩一歩、成功への段階《だんかい》を上《のぼ》っていくための原動力となっていることも事実でしょう。

しかし、その途中に一つの魔境《まきょう》があるということ、「増上慢《ぞうじょうまん》」という名の魔境があるということを、私は本書の第3章で語りました。そのとおりであって、優《すぐ》れた修行者《しゅぎょうしゃ》たちの転落の原因は、ほとんどが増上慢です。

自分に本来与《あた》えられるべきものが与えられたときに、「これを謙虚《けんきょ》に受け止めて、さらに努力していこう」と思わず、自分に本来与えられるべき以上の立場が与えられたときには、「これは当然である。いや、まだ足りない。自分は、もっともっと評価されて然《しか》るべきである。もっともっと優遇《ゆうぐう》されて然るべきである」と思う人がいます。

このように、より多く与えられれば与えられるほど、そういう間違った思いが出てくる人を、増上慢というのです。

大きな使命があればあるほど、大きな立場に立てば立つほど、人より上に立てば立つほど、人間は、日々、みずからを見直し、謙虚となり、ますます頭を低くしていく必要があります。そうであってこそ、「器《うつわ》」と言われるのです。決して小成《しょうせい》してはいけません。小さなものに甘《あま》んじてはいけません。

これは、言葉を換《か》えて言うとすれば、自己顕示欲《じこけんじよく》との闘《たたか》いということです。自己顕示欲とは、みずからをよく見せたいという思いです。「よくやっている」と人から明らかに見られたいという思いです。「あなたは素晴《すば》らしい」と人から言われたいという思いです。この思いとの闘いです。

ただ、成功を求めることは人間の本質でもあります。「成功したい」という野心のなかには、清いものも確《たし》かにあります。「成功したい」という野心がなければ、文化や文明は開花しなかったでしょう。こういうものが開《ひら》けてきた根底には、「成功したい」という野心、あるいは、より高い理想を求める人間の心があったのです。これと自己顕示欲とは非常にかかわりが大きいと思います。

それでは、仏法真理《ぶっぽうしんり》の立場、観点から見て、なぜ自己顕示欲が問題ありとされるのでしょうか。これを考えてみる必要があります。

自己顕示欲は、結局、「他人が下がることが、自分が相対的に上がることにつながる」という発想なのです。「自分が偉《えら》くなってうれしい」という気持ちは、「他人を見下ろすことができる」という気持ちにつながっているのです。この裏《うら》返《がえ》しが、「他人が自分よりよくなると、自分がそれだけ惨《みじ》めになり、価値《かち》を奪《うば》われたと感じる」という感じ方です。

それは、相対観のなかに没《ぼっ》していて、絶対的な幸せや絶対的な帰依《きえ》、信仰というものとは懸《か》け離《はな》れた心境です。

結局、自と他がここで切り離されていて、しかも、単に切り離されているのみならず、他の幸せを願わない気持ちがあるということなのです。自己顕示欲でぎらぎらとしている人の本質はそうです。他人の幸せを、ほんとうは願っていないのです。より多くの称賛を得たい自分でしかないのです。

これは結局、「より多くの愛を奪いたい」という気持ちであり、精神的なる吸《きゅう》血《けつ》鬼《き》の姿であるわけです。

本来、愛を与えていくのが修行の道です。愛を奪っていくことが道ではありません。道端《みちばた》にバラの花を植えていくことがよいのであり、バラの花を手折《たお》っていくことが信仰者の姿ではないのです。

自己顕示欲の強い人は、道端に植わっている花を次々と手折って、これを自分の胸《むね》にさし、自分を飾《かざ》ろうとしているのです。しかし、本来の仏神の心に則《そく》した生き方とは、花の咲《さ》いていない所に種をまき、あるいは球根を植え、花を育てていくことです。それがほんとうの姿です。

種をまいた人、球根を植えた人が通り過《す》ぎたあとに、花は咲いていきます。種をまいた人、球根を植えた人は、その花を自分で見ることはできないかもしれません。のちの人々がその花を見ることとなるのです。しかし、それでも黙々《もくもく》と種をまきつづけ、黙々と球根を植えつづけることこそが、信仰に生きる人たちのほんとうの姿なのです。ここには自己顕示欲がありません。

どうか、「自分は花を摘《つ》み取って自分を飾ろうとしているのか。あるいは、のちの人々のために花の種をまいているのか」という点を、しかと考えてみていただきたいと思います。

4　劣等感《れっとうかん》と愛

自己顕示欲の話をしましたが、自己顕示欲の奥《おく》に、劣等感《れっとうかん》といわれるものがあろうと思います。

人間は、だれしも多少の劣等感を持っています。

そして、深い劣等感を持っている人には二種類あります。一つは、劣等感ゆえに傷《きず》ついていて、それを不幸の原因としている人です。もう一つは、劣等感に対する補償作用《ほしょうさよう》、あるいは補完《ほかん》作用によって、劣等感をバネとして、さらに大きく道を切り開こうとしている人です。この両方があります。

ただ、いずれにしても、劣等感を持っていることが心の傷になっているため、その両方の人たちに心の安らぎがないことは事実です。

それゆえに、劣等感のなかに生きている人たちは、普通《ふつう》の人以上に愛というものを求めていきます。なぜなら、愛は万病《まんびょう》に効《き》く薬だからです。万人《ばんにん》の心の傷を癒《いや》す泉《いずみ》だからです。愛とはそういうものだからです。

ここに、すべての人に同じように愛を与えていく、平等心《びょうどうしん》としての愛の働きの大切な部分があります。

愛の本質のなかには、すべてのもののなかに光り輝《かがや》くものを見いだし、それをほめるという気持ちがあります。虫や花など、どんな小さな生き物のなかにも、素晴らしいものを見いだして、かわいがっていくという気持ち、どんな人のなかにも、光り輝いている仏性《ぶっしょう》を見いだしていくという気持ち、ここに愛があります。

したがって、それぞれの生物、それぞれの人間が本来的に持って生まれたものではないけれども、後天的《こうてんてき》につくり出す可能性《かのうせい》のある、劣等感というものを取り除いていくために、愛は大切なものとなっています。

結局、劣等感は「与えられていない」という気持ちの表れであり、愛は「与えたい」という気持ちの表れなのです。このことを知らねばなりません。

劣等感の本質は、「与えられていない」という気持ちです。「人から愛を与えられていない」という気持ちが劣等感です。

これに対し、愛とは「与えん」とする気持ちです。ほんとうの愛とは「与える愛」であること、「与えつづける愛」であること、「無償《むしょう》の愛」であることを、私は何度も語ってきました。

劣等感で苦しんでいる人は、与えられる愛ばかりを考えていることが多いであろうと思います。こういう人は、発想を切り換えて、与える愛の大切さ、無償の愛の大切さを考えねばなりません。「自分はこれだけのことをしたのだから、それだけの評価を得て当然である」「自分はこれだけ尽《つ》くしたのだから、相手から愛されて当然だ」などという思いが間違いであることを知らねばならないのです。

愛とは、本質的に、与えつづけるものであり、見返りを求めない行為《こうい》であるということです。咲いた花の姿を見ることはできなくとも、種をまきつづけ、球根を植えつづける行為、これが愛だということを知らねばなりません。

したがって、みなさんは、世の中を見渡《みわた》して、劣等感に悩んでいる人を見つけるにつけ、また、自分もその一員だということを知るにつけ、愛の大切さに気がつかねばなりません。多くの人たちの心を治《なお》すための、癒《いや》すための、愛の大切さを知らねばなりません。みずからが劣等感に傷つけば傷つくほど、それだけ、多くの愛が世の中には不足しているのだということを知らねばなりません。

他の人々のために、種まき作業、球根を植える作業を、どうか続けていただきたいのです。そこに、無償の愛の本質、愛のなかにある無償の本質があるということを知らねばなりません。

決して見返りを求めてはいけません。見返りを求めたときに、その愛は死にます。見返りを求めたときに、まいた種は死んでいきます。植えた球根は枯《か》れていきます。決して見返りを求めてはならないのです。

5　信仰《しんこう》の原点

最後に、信仰《しんこう》の原点ということを述べて、本稿《ほんこう》を締《し》めくくりたいと思います。

ここまで、「仏神との出会い」「心清きこと」「自己顕示欲」「劣等感」という話をしてきました。こういうものを通して私が言いたかったことは、「信仰の原点には、やはり、『至《いた》らない自分』の自覚がある」ということです。

自分自身をよきものとして、そのままで満足できる人には、信仰の芽生《めば》えというものはないかもしれません。

人間というものは、足りないところばかりです。足らざるところばかりです。不足なところばかり、未熟《みじゅく》なところばかり、未完のところばかり、至らないところばかりです。

しかし、そういう人間であるからこそ、さらに高度なものへの目覚めがあるのです。そういう人間であるからこそ、理想というものを追い求めることができるのです。そして、これが結局、信仰の原動力となっているのです。

人間は、みずからの至らないことを知れば知るほど、完全無比な、完全無欠な仏《ほとけ》への愛というものに目覚めていきます。仏とは理想そのものです。理想を愛することが、仏を愛することでもあります。

すなわち、信仰の原点とは、謙虚にみずからを見つめ、つつましやかな、みずからのあり方のなかに、やがて仏へとつながっていく一条の道筋《みちすじ》を見いだしていくことなのです。

この点において大切なのは、「自分が幾《いく》らみすぼらしく見えたとしても、幾ら頼《たよ》りなく見えたとしても、どのように劣等感に満ちた自分であろうとも、どのように焦《あせ》りに満ちた自分であろうとも、自分もまた仏の創《つく》りたるものであり、仏そのものと本質において変わらない」という見方です。

信仰とは、そういう本来の自己に立ち戻《もど》るために、大いなる理想に向けて努力していくことなのです。

したがって、信仰に生きるためには理想が大事です。その理想は、仏と重なる理想でなければいけません。「仏が自分の理想であり、仏が理想であると同時に、理想がまた仏でもある」という考え方が大事です。

みずからの足らざるところを知ることから、完全なるものを求めんとする意欲《いよく》がわいてきます。この意欲こそが、信仰への原動力であり、みずからを向上させ、また、他をも押《お》し上げていく力であるということを知らねばなりません。

どうか、この信仰の原点、大いなる仏に向かっていかんとする、この原点を忘《わす》れないで、日々、仏に近づいていくみなさんであってほしいと思います。心清く、愛に満ちたみなさんであってほしいと思います。

第5章

春爛漫《はるらんまん》

1　春の息吹《いぶき》

春という季節は、野にも山にも光があふれ、小鳥たちの喜びがあふれているかに見えます。こうした季節は、人間に生命の息吹《いぶき》を、そして人生の季節を教えんがためにあるように見えます。

春という季節が、毎年毎年、忘《わす》れることなく来るということを、人々はいったいどのように感じているのでしょうか。春が、毎年、忘れることなく訪《おとず》れてくるという事実、それは大いなる仏《ほとけ》の恵《めぐ》みではないでしょうか。

春の息吹が感じられるとき、そこに仏の大いなる息吹を感ずることができるのです。仏の大いなる息吹とは、伸《の》びていかんとするものへの称賛であり、発展《はってん》していかんとするものへの励《はげ》ましの声でもあります。

春という季節を感じるとき、やはり、そこに一つの勇気の原点がある。そこに一つの希望の原点がある。そこに一つの力の原点がある。そこに一つの飛躍《ひやく》の原点がある。そこに一つの未来への原点がある。そのように私は感じるのです。

こうした仏の恵みによる春の息吹のなかで、みなさんはその生命の力を十二分に満喫《まんきつ》しなければいけないのではないでしょうか。

私はかつて、春の時節に、奈良《なら》の甘樫岡《あまかしのおか》に登ったことがあります。眼下には、耳成山《みみなしやま》など、大和三山《やまとさんざん》といわれる有名な山々が見え、その三つの山を中心として、平野が広がっていました。そして、その向こうには、はるかなるかなたまで霞《かすみ》が棚引《たなび》いていたのを思い出します。

この奈良の地が国の中心となって、日本の国が治《おさ》められていたことが、かつてあったわけです。この地を中心にして、さまざまな宗教的儀式《しゅうきょうてきぎしき》があり、さまざまな信仰《しんこう》がありましたし、高級霊界《こうきゅうれいかい》からの指導があったことも事実です。

そのような奈良の地を思い起こすとき、私はいつも、そこに春の息吹というものを感じます。仏の心とは、そういうもの、あの奈良の大きな平野のなかを流れている、春の生命力のようなものなのです。

2　忍耐《にんたい》の時節

春の息吹というものは、偶然《ぐうぜん》に巡《めぐ》ってくるものではありません。その前には、一月、二月という厳《きび》しい季節があります。

このような忍耐《にんたい》の時節は必ずあるものです。一年のうちに冬があるように、人生のなかにも忍耐の時節が必ず巡ってきます。

それは決して忍耐のための忍耐ではありません。また、苦悩《くのう》のための苦悩、悩《なや》みのための悩みでもありません。それらはすべて、春の息吹ということを印象づけるための材料にしかすぎないのです。

本書を読んでいるみなさんのなかにも、さまざまな悩みを抱《かか》えている人は数多いことでしょう。いや、大部分の人が何らかの悩みを抱えていると思います。

その悩みの原因は、いったいどこにあるとお思いでしょうか。それは根本的《こんぽんてき》に「信頼《しんらい》ができない」というところにあるのです。

自分に対する信頼、他人に対する信頼、仏に対する信頼。信頼には、この三種類があります。まず、自分に対する信頼ができていない。次に、他人に対する信頼ができていない。最後に、仏に対する信頼ができていない。このように三つの信頼ができていないために、さまざまな悩みが生《しょう》じてきているのです。

さすれば、私はみなさんに申し上げたいのです。

なぜいちばん悪いことばかりを考えるのでしょうか。なぜ自分は失敗ばかりすると考えるのでしょうか。なぜ他人は自分を裏切《うらぎ》るものと考えるのでしょうか。

なぜ仏は自分の意に背《そむ》くとばかり考えるのでしょうか。

「自分も自分を裏切り、他人も自分を裏切り、仏も自分を裏切る」という不幸な人生観を、どうして、いつまでも温《あたた》めていることができるのでしょうか。そういう人生観を温めることによって、みなさんはどれだけ幸せになったでしょうか。傍目《はため》からは忍耐の時節と見られ、自分でも苦節の時期だと思っているときも、結局、この三つの信頼がないということに起因《きいん》しているだけであることが、ままあるのです。すべてを信頼することができたとき、そこに、ほんとうは悩みはないのです。そこに、ほんとうは苦しみはないのです。

悩み苦しんでいる人たちに私は問いたい。

あなたは自分を信頼しているか。あなたは他人を信頼しているか。あなたは仏を信頼しているか。この三つとも信頼していないのではないのか。さすれば、そういう自分の心の原点を、もう一回、振《ふ》り返ってみる必要があるのではないのか。

なぜ仏を信頼しない。なぜ他人を信頼しない。なぜ自分自身を信頼しない。自分を信ずることができず、また、自分が人生の途上《とじょう》で出会う人を信ずることができず、最終的に仏を信ずることができなくて、どうしてそこに幸福が訪れましょうか。

もっともっと自己《じこ》確信を深めていただきたいと思います。

その三つの信頼があるときに、いったい何が悪くなるでしょうか。どのような悪い事態が起きてくるでしょうか。一時期、苦悩があるように見えても、その苦悩は、次に訪れてくる春の息吹を信じていないための苦悩ではないでしょうか。

ほんとうに、世の中の人は自分を徹底的《てっていてき》に苦しめるために存在《そんざい》していると、みなさんはお思いでしょうか。ほんとうに、仏はみなさんをいじめるためにあるとお思いでしょうか。そして、自分自身は、失敗をするために、この世に出たとお思いでしょうか。そんなことはないはずです。

人生の厳寒《げんかん》、真冬時《まふゆじ》を生きているると思っているみなさんは、どうか、この三つの信頼ということを、振り返って考えていただきたいのです。

まず、自分は仏の子であるということを信ずることから出発するのです。さすれば、他人も仏の子であり、そして、共に仏の子が生きている世界において、大いなる仏がみなさんを見ているのです。

何を悩むのか。なぜ「病気になる」などと悩むか。なぜ「経済的苦境が自分に来る」と思うか。なぜ「自分は人から白い目で見られる」と思うか。その奥《おく》に、そのあとに、大いなる名誉《めいよ》と称賛が来ると、なぜ思わないのか。

仏の心に添《そ》って人生を生きているとき、そこに試練はない。そこに苦悩はない。そういうものがあると思っているのは、自分の心の迷《まよ》いにしかすぎない、錯《さっ》覚《かく》にしかすぎないということを知りなさい。

信頼が欠けているということは、結局、仏が創《つく》った世界に生きていることを忘れているということです。それを信じていないということです。

私は諸君《しょくん》に問いたい。私は一人ひとりの人に問いたい。みなさんは、この世を仏が創ったと信じているのか。信じているならば、まず仏の子である自分を信ぜよ。仏の子である他人を信ぜよ。そして、仏そのものを信頼せよ。

そこに、忍耐の時節はもろくも崩壊《ほうかい》し、春の息吹のなかに、素晴《すば》らしい生命の賛歌が広がってくるのです。

3 生命の奔流《ほんりゅう》

忍耐の時節が、実は単に信頼がない時期にしかすぎないという話をしました。

しかし、みなさんは、自分を信頼する、他人を信頼する、仏を信頼するといった、動かない状態、受け身で待っているような状態に、いつまでも、いてよいわけではないのです。

春になれば、鳥たちは、あれほど楽しそうに歌っているではありませんか。子《こ》供《ども》たちは、あれほど楽しそうに遊んでいるではありませんか。ハチまでも歌っているように見えるではありませんか。犬や猫《ねこ》までもが楽しそうに見えるではありませんか。動物たちも、みな笑っているように見えるではありませんか。草たちは、みな伸び伸びと生きているように見えるではありませんか。

春の小川は、どうしてあんなに素晴らしく見えるのでしょうか。メダカなどの小魚たちは非常に楽しそうです。なぜでしょうか。太陽の光がそれほど暖《あたた》かく感じられるからです。太陽の光が象徴《しょうちょう》するものは生命のエネルギーです。恵みのエネルギーです。

みなさんは、「待てば海路《かいろ》の日和《ひより》あり」と思って、ただ待っていればよいわけではありません。そうした春の時節にみずからが巡り合わせたと思うならば、大いなる生命の奔流《ほんりゅう》に乗って、大海へと突《つ》き進んでいかねばならないのです。大いなる生命のほとばしりのなかにあって、勇気ある人生を生きていかねばならないのです。

忍耐の時節には、ただ待つをもって「よし」とするときもあります。しかしながら、その時節はやがて過《す》ぎていきます。そういう場合に、「決断すべきときには決断し、実行すべきときには実行せねばならないことがある」ということを知らねばなりません。

私は『繁栄《はんえい》の法則』（幸福の科学出版刊）の第5章「光明生活《こうみょうせいかつ》の方法」のなかで、「迷ったときには現状維持《げんじょういじ》の方針《ほうしん》を打ち出せ」ということを述《の》べましたが、それは決して「優柔不断《ゆうじゅうふだん》であってよい」ということを言っているのではなく、「行き当たりばったりのことをするぐらいならば、その間《かん》、しばらく、自分の内なる力を蓄《たくわ》えよ。春になれば、桜《さくら》が芽吹《めぶ》き、万物《ばんぶつ》が動き出す。そういうときが来るまで、静かに静かに雪のなかで自分の力を蓄えよ」と言っているのです。

これは、「一年中、冬が続いてもよい」と言っているのではないのです。冬はやがて去っていかねばなりません。遠のいていかねばなりません。いつまでも冬を抱《だ》きしめ、いつまでも雪ばかりを思っていてはいけないのです。

「春が来た」と思ったならば、冬のコートを脱《ぬ》ぎ捨《す》てて、春の衣装《いしょう》に着替《きが》えていくことです。外側だけではなく、心の衣装も同じです。冬物を捨てて春物に着替えていくことです。

なぜそうしない。なぜ心も軽《かろ》やかにならないか。なぜ「もっと素晴らしいことが来る」と思わないか。なぜ困難《こんなん》ばかり思うのか。

現状維持の次は、勇気ある打破《だは》です。決断です。実行です。

優柔不断な人間は、結局、「やがて悪いものが来るのではないか」と、いつも取り越《こ》し苦労をしているのです。そういう取り越し苦労を砕破《さいは》するもの、粉砕《ふんさい》するもの、それは信ずる力です。希望あるあしたが来ると信ずる力です。信ずる者にはすべてが開かれていきます。そこに不可能《ふかのう》なことはありません。可能なことのみが横たわっているのです。

「黄金のまさかりを振るい、勇気を持って道を切り開いていく」という、巨人《きょじん》のような気持ちで奮《ふる》い立たねばならぬときがあります。それが人生の春です。幸福の科学にたどり着いたということは、みなさんの人生において、まさしく春が来たのです。

こうした春の時期にあって、いつまでぐずぐずしているのか。いつまで冬布団《ふゆぶとん》のなかで寝《ね》ているのか。起き出さなければいけない。早く起き出して、勇気を持って実行せねばならん。光明への第一歩を踏《ふ》み出さねばならん。そういう時期が来ているということを知りなさい。

4　いざ発展《はってん》へ

みなさんは決して、自分の小さな地位や名誉、肩書《かたがき》や金銭でもって、毎日、自分というものを見つめていてはならない。もっと勇気を持って動こうとせねばならない。「大いに大いに自分を鍛《きた》え、大いにまわりを感化していこう」という気持ちを持たねばならない。このような法が説かれる時期に生きているということの意味を、もう一度、考えてみなければならない。

まず、自分のなかに、木の芽のような内的なる発展《はってん》を見よ。

木の芽は雪のあいだにも静かに静かに芽吹いているではないか。梅《うめ》は雪のなかでも芽を伸ばしていくではないか。つぼみを膨《ふく》らましていくではないか。桜の花だとて、まだ寒い風のなかで、小さなつぼみを揺《ゆ》らしているではないか。

木でさえ、そうであるならば、みなさんも、発展へと向かう前に、みずからの心の内なる芽を伸ばすことです。みずからの内に力を蓄えておくことです。

エネルギーがたまってきているか。それが放散すべきものとなっているか。ほんとうに人類を幸福化《こうふくか》しようとしているか。この地上をユートピアにしようとしているか。そのために自分の内なる力を蓄えているか。

当会では、いろいろなセミナーや試験を実施《じっし》していますが、こういうことは、冬のあいだに雪の下で芽を伸ばす木のように、みなさんに力を蓄えてほしいがために、実力を蓄えてほしいがために、やっていることなのです。

内なる力がたまったら、それは必ず外にあふれてきます。木が芽吹いたら、やがて、その芽はつぼみとなり、花となって咲《さ》いていくのです。時節が到来《とうらい》すれば、必ずそのようになるのです。

いざ発展へ。その前に、内なる充実《じゅうじつ》を。そして、芽が出たならば、それをつぼみとせよ。つぼみができたら、やがて三分咲きとせよ。三分咲きとなれば、七分咲きとせよ。そして満開とせよ。そういう発展への道をたどっていけ。

そのような勇《いさ》ましい気持ちを持たなくてはいけないと思います。

5　限《かぎ》りなき叡智《えいち》の証明《しょうめい》

私はいま、みなさんに一つの勇気ある話をしておきたいと思います。

それは、「人間は全員が、心のなかに、仏へと通じる一本の黄金《おうごん》のパイプを持っている」という事実です。

人間は、自分を孤立《こりつ》した存在、他者と切り離《はな》された存在だと思い、当てどなく漂《ただよ》っている浮《う》き草《くさ》だと思えばこそ、さまざまな苦悩があり、悲しみがあるのです。

しかし、自分の内に一本の黄金のパイプが通っていて、それが仏の世界へと通じる無限の長さを持っていると思ったとき、あらゆる恐怖《きょうふ》は消え去っていくのです。他人に求めるな。環境《かんきょう》に求めるな。自分の内なる黄金のパイプに求めよ。「こうしてほしい」とか、環境に「こうなってほしい」とか思うな。そうではなくて、自分の内、心の内に潜《ひそ》んでいる黄金のパイプを発見せよ。

そのパイプは無限のかなたに通じ、仏の心に通じているものなのです。そのパイプからは、あらゆるエネルギーが降《ふ》り注《そそ》いでくるのです。そのパイプからは、限《かぎ》りなき叡智《えいち》が流れてくるのです。

外に求めることはない。内に求めよ。内に求めることにおいて無限であれ。仏の智慧《ちえ》がみずからに天降《あまくだ》ってきたならば、そこに何の不自由があるか。何の苦しさがあるか。何の困難があるか。

日々、心を統一し、『仏説《ぶっせつ》・正心法語《しょうしんほうご》』（幸福の科学の根本経典《こんぽんきょうてん》。当会の会員で、仏《ぶっ》・法《ぽう》・僧《そう》の三宝《さんぽう》に帰依《きえ》することを誓った者に与えられる）を読んでみることです。そのときに、無限なる叡智がみなさんの心の内に天降ってくるはずです。『仏説・正心法語』という経典は、釈迦《しゃか》の生命体から発された言魂《ことだま》で書かれているものです。これは宇宙《うちゅう》の叡智、人類の叡智です。この光がみなさんの黄金のパイプを通じて伝わってくるのです。こういう経典が現にある以上、これを通じて無限の叡智へとつながっていくことです。

さすれば、他に力を求めることなく、環境に力を求めることなく、みずからの力で道は切り開いていけます。いたずらに思考するでなく、いたずらに読書するでなく、みずからの内なる、この叡智に目覚めることです。

そのために、私は『仏説・正心法語』をつくりました。そして、『仏説・正心法語』を理解していただくために、数多くの書物を世に問うています。

すでに問うた書物を参考書として、日々、『仏説・正心法語』をみずからのかたわらに置いて心の統一をし、限りなき叡智を得ることです。大いなる希望の光が与えられるでしょう。

さらには、「人生に勝利する詩《うた》」という詩編《しへん》があります。声を出して、これを読めば、たちまち、勇気が心の底からわいてくるはずです。そして、人生の苦難《くなん》や困難を打ち破《やぶ》っていけるはずです。

明るい、希望ある視点《してん》を持って、この春爛漫の、この春の息吹を、共に味わっていこうではありませんか。

第6章

勇気の原点

1　勇気とは何か

本章では、勇気ということに関して考えてみたいと思います。

まず、勇気とは何かという問題について、幾《いく》つかの観点から検討《けんとう》してみましょう。

古来、勇気というものは、道を開《ひら》くときの力、物事を解決し、前進させていくための力、偉業《いぎょう》を成《な》し遂《と》げるための原動力と言われています。これは、まさしく、そのとおりです。人間が世に立って何事かを成さんとするときに、勇気なくして道が開けるということはありません。

もちろん、「待てば海路《かいろ》の日和《ひより》あり」という言葉があるように、「待っているうちに人生が好転する。道が開けていく」ということもありえますが、それは必ずしも一般的《いっぱんてき》なことではありません。受け身的な、待ちの姿勢《しせい》において道が開けることもありますが、たいていの場合、道が開ける前提としては、本人の日ごろの精進《しょうじん》、努力が肝要《かんよう》であるように思います。

みなさんは、いつもいつも、「何かを待っているうちに、自分のまわりに、よいことが生《しょう》じるのではないか。よいことが起きてくるのではないか」という気持ちでいてよいかといえば、必ずしも、そうではありません。私は、みなさんに、この世に人間として生まれ、そして生きている以上、やはり、みずからの主体性ある行動によって道を切り開いていていただきたいのです。

そのためには、ときおり、勇気というものを思い浮《う》かべて、自分のいまの姿《すがた》にどれだけの勇気があるかを考えてみる必要があるのではないでしょうか。

勇気は、「勇《いさ》ましい気分」という言葉でつづられています。「勇ましさ」「気力」というものは、実は人生を切り開いていくための「黄金《おうごん》のまさかり」の役割《やくわり》を果たすことが多いのです。

物事に悩《なや》んでいる人は、たいてい、自分を弱い弱い人間だとイメージし、大問題の前にねじ伏《ふ》せられ、押《お》しつぶされんとしているような、弱々しい自分の姿を心に描《えが》き、いつしか、それが自分のほんとうの姿だと誤解《ごかい》するに至《いた》っているのです。

しかし、それが人間の本来の姿ではありません。人間の本来の姿は自由自在であり、人間は、仏《ほとけ》がこの地上にて行うがごとく、みずからもまた、仏の子として自由自在な活躍《かつやく》をするだけの力を与《あた》えられているのです。

ところが、多くの人間は、その事実に気づかず、自分を有限な存在《そんざい》だと思い、自分の力、自分の能力をみずから限定し、そして、道が開けない理由を、みずからの能力の不足、あるいは環境《かんきょう》や人間関係の悪さに帰《き》してしまいがちなのです。

しかし、もう一段、高次の観点から見た場合、それは必ずしも環境やまわりのせいではありません。たいていは、本人の意志が非常に弱いということが原因なのです。意志が弱いために、環境を打破《だは》できないでいる場合もあるのです。

したがって、「ほんとうに、人のせい、環境のせいであるのか。それとも、自分自身が主体的に立ち上がって、力強く扉《とびら》を押し開《あ》けようとしていないからであるのか」ということを、とくと考えてみる必要があると思います。

2 慈悲《じひ》と勇気

ここで、勇気とその実行に関する問題点を考えてみたいと思います。それは、勇気を持って断行することが他の人々を傷《きず》つけるのではないかという点です。ここに、慈悲《じひ》と勇気の問題を考えてみる必要があるのです。言葉を換《か》えて言うならば、優《やさ》しさと勇気ということです。

優しい人間の場合、ともすれば、勇気が出てこないことが多いようです。「優しさゆえに、他人が○○と思っていれば、そのとおりにしてやりたくなり、他人が××と思っていれば、また、その意見を聞いてやりたくなる」という人は、その結果、八方美人的な人間となり、やがて、自分なきがごとき状況《じょうきょう》がまわりに展開《てんかい》することになりかねません。こういう優しい人は、ともすれば、人の思いのままに翻弄《ほんろう》されて、自分自身を見失ってしまうことがあります。

しかし、その優しさが、ほんとうの意味での優しさかどうかということに、本人は気がついていないのです。ほんとうの優しさと、意志の弱さによる優柔不《ゆうじゅうふ》断《だん》、この両者は外見上は非常に似《に》ていますが、実際においては、かなりの違《ちが》いがあるのです。

みなさんはいま、「優しさ」という言葉で、あるいは「慈悲深い」という言葉で表《あらわ》されている考え方を、もう一度、点検してみる必要があると思います。たとえば、まわりの人の言うことを「はいはい」と言って聞くことが、真実の優しさにつながるかどうか、それがほんとうの優しさなのかどうかという検討です。

確《たし》かに、人間は、何でも自分の言うことを聞いてくれる人を優しく感じ、好《この》ましく思います。ところが、長い目で見た場合に、それが自分の成長にとって役立つかどうかという判定は難《むずか》しいものがあります。

四月という季節には、大学入試を終えた受験生たちが続々と大学に入学します。胸《むね》を張《は》り、喜びに心を躍《おど》らせて、新入生が誕生《たんじょう》していくわけです。彼《かれ》らにしても、なぜそれほど心がときめき、うれしい気持ちになるかといえば、自分の実力が正当に評価され、晴れて学問ができるという喜びゆえでしょう。

しかし、「入学できなかった人たちがかわいそうである」という観点から、「『大学に行きたい』という人は、みな入れてやればよいではないか」と言う人もいるであろうと思います。「『学びたい』という気持ちは純粋《じゅんすい》だ。学びたい人は全員、入学させればよいではないか。それが教育の義務ではないか。全員を受け入れるべきである」という考え方が、いつの時代にもあるわけです。

しかしながら、実際の大学教育の現状《げんじょう》を見てみると、一定の教授陣《きょうじゅじん》、一定の施設《しせつ》、一定の環境という限定から、学生の人数は絞《しぼ》らざるをえないのです。はたして、これが善であるのか、悪であるのかということです。

この場合、目標、あるいは目的として何を考えているのかということが、非常に大事なのではないでしょうか。

すなわち、大学教育の目的は、「優《すぐ》れた人材に、さらに磨《みが》きをかけて、有為《ゆうい》な人々を社会に送り出す」ということでしょう。その意味において、やはり、「ある程度《ていど》の資格があり、ある程度の基礎《きそ》ができている人間を教育する」ということが、その目的に合致《がっち》する面があることは、どうしても否《いな》めないのではないかと思います。

これを単に「慈悲が足りない。優しさが足りない」と見る観点は残るわけですが、ただ、やはり、そういう厳《きび》しさのなかから、ほんとうの人間の喜びが生まれてくる面があることを認《みと》めなければいけません。なぜなら、人間は安易な環境のなかでは決して魂《たましい》を向上させることができないからです。

一見、厳しい競争社会があったり、厳しい学力社会があったりしますが、それらはみな、魂をより向上させるための砥石《といし》として働いているという側面を見失ってはならないのです。大事なことは、「お互《たが》いの傷をなめ合うだけの同情主義や甘《あま》やかしにおいては、人間の魂は決して進化することはない」ということです。

したがって、みなさんは、たとえ一時期、他人に対して厳しい面をのぞかせるようなことがあったとしても、たとえば、他人の悪いところを見いだし、それをしかるということでもって、厳しい面を見せることがあったとしても、それが、長い目で見て愛である場合もあることを知らねばなりません。

いつも人の意見を聞いてあげることが、愛であり優しさであるとは限《かぎ》りません。その人が、いまここで立ち直らなければ、どうしようもないというような状況であるならば、厳しい一言《ひとこと》を加えること、厳しい姿勢をとることも、大いなる愛であることを知らねばならないのです。

ここに、勇気が、慈悲の一転化《いちてんか》した姿として、仮《かり》の姿として現《あらわ》れる場合もあるということです。

これが、「怒《おこ》る」ということと、「しかる」ということとの違いでもあると言えましょう。怒るということは、仏法真理《ぶっぽうしんり》に反したことだとよく言われています。だからといって、いつもにこにこしているだけであっては、世の中はうまくいかない場合もあります。これを、「しかる」という言葉で表現するのです。

職場の上司は部下をしかります。それは決して部下が憎《にく》いからではありません。部下の将来《しょうらい》を考え、また、仕事を正しくし、人々を導《みちび》いていくために、しかるという行為《こうい》をすることがあるのです。この意味においては、しかるということが大いなる慈悲の行為である場合もあります。

みなさんは決して、柔《やわ》らかなソフトムードでもって生きていくことだけを、よいことだと考えてはいけないのです。やはり、慈悲の奥《おく》にも、もっともっと強い部分、勇気とつながった部分があるということを知らねばなりません。

ほんとうの意味において人々を救うためには、彼らを立ち上がらせるためには、言うべきことは言い、また、修正させるべきことは修正させることも必要です。単に冷たく突《つ》き放すだけであってはいけませんが、「言うべきときには言い、行動すべきときには行動する」という、割《わ》り切った考え方も大事であることを知らなければなりません。

単に相手に真実を述《の》べればよいのに、自分が優柔不断であるために、それができず、お互いの苦しみを長引かせることもあります。これは、ずるずるとした友情などでよくあることです。ずるずるとした友情ではなく、真の友情、お互いを高め合う友情のためには、ときには友の悪いところを厳しくたしなめて、立ち直らせる必要もあるのです。

みなさんは、慈悲ということと勇気ということを単に分離《ぶんり》するだけではなく、その共通項《こう》と、その表れ方の違いを知っていく必要があるのではないでしょうか。

3　指導力について

次に、指導力ということに関して話をしてみたいと思います。

指導力とは、人々を感化する力、導いていく力、人々に新たな方向を与えていく力です。これは、さまざまな時代に、いつも多様な表れ方をしてきた力です。

現代ほど指導力が求められている時代も、まれであると思います。なぜなら、指導力とは、仏に成り代わる力でもあるからです。

本来、仏は多くの人間を指導し、導き、はぐくんでいこうとしていますが、この地上においては、それを優れた人々の力によって代行するというシステムがとられています。すなわち、仏が人間を教育する代わりに、それが、「仏近き人々が人間を指導し、導いていく」ということに置き換えられているのです。

したがって、指導者といわれる人々は、「いかにして、仏に近い特性を身につけるか」ということを考えていかねばなりません。「いかにして、人々を向上に導いていくか。いかにして、人々を力強くしていくか。いかにして、人々に決意をさせるか。いかにして、人々に、その閉じた目を開《ひら》かせるか」ということに、指導者はいつも力を注《そそ》いでおかねばならないと思います。

この指導力の源泉《げんせん》はいったいどこにあるかというと、その人の持つ魅力《みりょく》であろうと私は思います。言葉を換えて言うならば、人格の魅力ということです。指導力は決して、その人の生まれつきや知力、容姿《ようし》、そういうものだけに起因《きいん》するものではなく、その人の内に宿る高い精神性が、その源泉になるのです。

みなさんが考えている以上に、その人の人格というものは働いています。みなさんは他人を判断するときに、その人の過去の経歴をすべて見てから判断するわけではありません。そうではなくて、その人の人格、あるいは人柄《ひとがら》からにじみ出してくる力を感じるのです。人格のにおいを感じ取る能力において、相手を判断するのです。

指導力の源泉は、実は人格による感化力であり、それは、その人がどのような雰囲気《ふんいき》を醸《かも》し出しているかということに関連しているのです。これをみなさんは知らなければなりません。

すなわち、指導力の根源は、名刺《めいし》や肩書《かたがき》、金銭力などにあるわけではなくて、優れた人格、深い教養、こういうものから醸し出される、その人の独特の雰囲気、独特の人格にあるのです。

4　決断力について

指導力のありやなしやを測《はか》る基準の一つとして、決断力が挙《あ》げられると思います。優れた指導力を持っている人は、例外なく、決断において優れているのです。決断すべきときに決断し、行動すべきときに行動することができない人は、人生の多くの宝《たから》を失っているように私は思います。なぜなら、あまりにも考え深すぎることで決断が遅《おく》れ、人生の成功を逃《のが》すこともあるからです。

この点において、「人々のリーダーになるべき人は決断が速い」ということが言えると思います。換言《かんげん》すれば、先見の明があるわけです。

そして、この決断力というのは、決して、「右か、左か」というような単純《たんじゅん》な決断力ではなく、時々刻々《じじこっこく》において、いろいろな環境のなかにおいて、自分がどう進むかを瞬時《しゅんじ》に考え、間違《まちが》っていることが判明したら即座《そくざ》に修正していく力であろうと思います。

したがって、決断力という言葉は、思慮深《しりょぶか》さということと、ある意味において一致《いっち》することがありうるのです。ところが、思慮深いということが決断力と結びつかないで、優柔不断と結びつくことがよくあるように思います。

真実の決断力とは、「難関《なんかん》、難局《なんきょく》に際して、快刀乱麻《かいとうらんま》を断《た》つがごとき判断、大局的な判断をし、また、仕事の流れ、運命の流れにおける、小局的な判断については、時々刻々に変わる情勢を見ながら、そのつど自分の判断を修正していく」というものであろうと思います。

決断力に関しては、「偉大《いだい》な人物ほど、自分の非を認めるのに迅速《じんそく》である」ということが言えると思います。

「決断力に富《と》む」という言葉は、「いったん自分が決定したことを決して翻《ひるがえ》さない」ということを意味しているのではありません。そういう頑固《がんこ》な人格を意味しているのではありません。

そうではなくて、「いったん自分が決めたことは、あくまでも貫《つらぬ》こうとするが、その貫くときにおいて、『私利私欲《しりしよく》はないか。我欲《がよく》はないか。これがほんとうに多くの人々を生かす道であるのか。これがほんとうに仏の心に合致した行いであるのか』と、常《つね》に点検する」ということを意味しているのです。

したがって、決断力の源泉にあるものは、多くの人々への愛です。そのためには、みずからにとって不利な決断もしなければいけないことがあります。それは、間違った行動をしたと思ったとき、間違った判断をしたと思ったときには、それをさらりと認めてしまうということです。

みなさんも、自分のプライドにこだわって、自分の非、間違いを、なかなか認めたくないことがあるでしょう。また、どのような人であっても、ときには、口を滑《すべ》らせたり、間違ったことを言ったり、人を傷つけたりすることがあるでしょう。

そのときに、自分のプライドにとらわれ、そういう小さな自分を守ることに汲々《きゅうきゅう》としてはなりません。勇気を持って、より多くの人々のために自分の結論《けつろん》を変えていくという姿勢が大事です。これがまた、次の決断力を生んでいく力となるのです。

小さな自分にとらわれた決断、自分のやり方、自分の型にとらわれた決断のみではなくて、そういう自分をもまた修正していく決断が大事なのです。

人生を渡《わた》っていくには、どのような困難《こんなん》をもはね飛ばしていく、巌《いわお》のような強《きょう》靭《じん》な意志と、繊細《せんさい》に、細心に、いろいろなことを分析《ぶんせき》しながら、そのつど柔軟《じゅうなん》にみずからのあり方を変えていく心、この両方が必要なのです。

柔軟さを失った心であっては、成功することはおぼつかないと思います。大成功者の多くは、「信念を貫いた」という面と、「物事に柔軟に対応した」という面の両方を兼《か》ね備《そな》えているように思います。

柔らかい発想、柔らかい頭、柔らかい姿勢を持つことができない人間は、小成《しょうせい》することはできても、あるいは一発勝負はできても、なかなか大成《たいせい》することはできません。

何十年という人生において大成していくためには、大局的観点から、決断力を持って大いに貫いていく部分と、小局的観点において、時々刻々に自分を変化させていく柔軟な心、その両者がどうしても必要なのです。

5　勇気の原点

最後に、勇気の原点ということについて考えてみたいと思います。いま、なぜ勇気が大事であるのかというと、これは二つの面から言うことができます。

第一には、「悪をはびこらせないという意味において、勇気が肝要である」ということです。

悪というものは、人の弱さ、優柔不断さ、臆病《おくびょう》さ、こういうところに忍《しの》び込《こ》んできます。相手が気が弱いと思えば、図に乗ってやりすぎるのが人間の性《さが》です。相手がくみしやすしと見れば、必要以上のことを言ったり、必要以上の義務を押しつけたりするような悪魔的《あくまてき》な心が、どの人の心のなかにも少しはあります。したがって、弱いと見せることが悪を増長させる面があるのです。この世の悪を少なくし、あの世の悪も少なくしていくためには、この面をどうしても減少させる努力が必要です。

謙虚《けんきょ》な生き方をしているのはよいけれども、それが、勇気のない、意気地《いくじ》のない生き方になっていてはいけません。他人の悪口や批判《ひはん》を恐《おそ》れるあまり、常に自分をかばってばかりいてはいけないのです。そういう人は、ほんとうに大きな仕事をすることはできないということを知らねばなりません。

批判や非難《ひなん》は、どのような偉人《いじん》にも必ず付いて回ったものなのです。しかし、彼らは、それを苦にして、夜も眠《ねむ》れないような日々を長いあいだ過《す》ごしたでしょうか。決してそうではないはずです。彼らも批判や非難に傷ついたことはあったかもしれませんが、やはり、黙々《もくもく》と自分の人生を歩《あゆ》み、黙々と自分の仕事をしていったのではないでしょうか。

したがって、みなさんには、いま、別の観点から考えねばならないことがあります。それは、「常にみずからを修正しながら、向上の道を力強く歩んでいく者には、やがて、世の人々の批判や非難は鳴りやんでいく。静まっていく」ということです。そして、「その山のような非難が、やがて称賛に変わっていくことがある」ということです。

ことに、人間心理というものを深く観察してみれば、批判や非難は相手に対する隠《かく》れたる称賛であることが多いのです。

人間は、その人が成功しても自分は何も感じないような場合には、何も言わないのが普通《ふつう》です。ところが、その人が成功すると、自分が傷つけられたような気がしたり、自分が損《そん》をしたような気がしたり、自分が失敗したような気がしたりする場合には、何かを言いたくなるものです。

したがって、自分に非難の雨が降《ふ》り注いだときには、よくみずからを見直し、自分の心に一点の誤《あやま》りもないと思うならば、迷《まよ》わず、力強く、それを断行していくことです。そして、「批判や非難は、自分に対する隠れた称賛である場合もありうる」「自分を悪く言う人がいても、自分をよく言ってくださる人もどこかにいる」という観点を決して忘《わす》れないようにしましょう。

勇気が大事であることの第二の面は、「勇気なくして、ユートピアの建設はありえない」ということです。

この地上は物質世界であり、霊的《れいてき》な自己《じこ》実現が非常に妨《さまた》げられがちな世界です。人々は地上の物質に執《とら》われ、誘惑《ゆうわく》されて、堕落《だらく》していくことが多いのです。このような物質世界において、真《しん》のユートピアをつくっていくためには、どうしても勇気というものを忘れるわけにはいきません。人々の批判に心動かされることなく、真実のものを真実のものとして宣《の》べ伝えていく勇気が必要です。

勇気は、ユートピア建設のための「のみ」であり、「かんな」であり、「まさかり」であり、「のこぎり」であるという観点を忘れてはいけません。勇気は、すなわち大工道具であって、ユートピアという一つの大きな建物を造《つく》るためには、どうしても、こういう大工道具が必要なのです。のこぎりが必要です。のみが必要です。かんなが必要です。こういう道具としての勇気があるのです。

みなさんは、その道具を忘れて家を建てようとしているのではないかということを、常に考えていただきたいのです。

「自分が思うとおりの世界が展開しない。仏法真理の普及《ふきゅう》が思うようにいかない」などと嘆《なげ》く人は、「自分には、勇気という大工道具がそろっているか。自分は、それを忘れてきたのではないか。それを取り出すのを忘れているのではないか」ということを考えていただきたいと思います。

道を開いていくためには、大いなる気力がどうしても必要です。気力なくしての積極的人生はありません。

この積極的人生とは何かということを、次章で詳《くわ》しく検討したいと思います。

第7章
積極型人生のすすめ

1　フロンティア精神

本章では、「積極型人生のすすめ」と題して、「人生をどのように切り開いていくか」という、いわゆる前向きの思想をみなさんにお伝えしたいと思います。最初に、「フロンティア精神」ということに関して話をしていきましょう。

フロンティア精神は決して古い思想内容ではありません。もちろん、これはアメリカ開拓《かいたく》のころからの精神であり、「アメリカに入ったイギリス人たちが、新たにアメリカ人として西部開拓に野心を燃《も》やした」という話は、いまから何百年も前のことです。ただ、このフロンティアの精神そのものは、現在でも常《つね》に、手垢《あか》に染《そ》まらない考え方、姿勢《しせい》として、立派《りっぱ》に新しさを保《たも》っているのです。

「常に、自分の人生のフロンティア、前線基地を持つ」という考え方は、非常に貴重な考え方です。人間は、「どこに自分の前線基地があるのか。自分が開拓しようとしている領野《りょうや》はどの方面にあるのか」ということを、常に課題として持っている必要があるのです。

心にフロンティアを持っている人は、常に問題意識のある人、常に課題意識のある人と言えましょう。フロンティアの思想がない人は、結局のところ、いつも停滞《ていたい》しているか、あるいは、当然ありうべき平凡《へいぼん》なる日々を続けているか、そのどちらかになるのです。

こういう停滞型、あるいは当然型の人生を生きるのではなく、常に積極的姿勢を保ちながら、何かに挑戦《ちょうせん》していこうとする精神を持っている人こそ、大いなる新天地を開拓し、新たな事業を起こし、人類の未来を開いていくために、現在ただいまを認識《にんしき》している人たちだと言えましょう。

私はこの文章を読む多くの方々に、「いま、あなたのフロンティアとは、いったい何であるのか。あなたが、人生の沃野《よくや》、その広大無辺な世界を開拓していくための前線基地として想定しているものは何なのか」、それをこそ問うてみたいと思うのです。

みなさんは自分の人生をどのように開拓していこうと思っているのでしょうか。みなさんにとって、みなさんの前途《ぜんと》を妨《さまた》げる敵《てき》とは何でしょうか。そして、どのようにして、その敵の襲撃《しゅうげき》をかいくぐりながら、西部開拓を成《な》していくつもりなのでしょうか。これを考えていただきたいのです。

自分にとってのフロンティアとは、開拓地とは、前線基地とは、いったい何なのか。そして、みずからが西に向かって進んでいかんとするときに、それを邪魔《じゃま》しようとする敵とは何なのか。この両方をはっきりと認識しておくことが大事であろうと思います。

人間は、ともすれば安易な日々に流れ、安易な生活のなかに埋没《まいぼつ》しがちですが、そういうときこそ、このフロンティアの精神を、いま一度、考えてみる必要があります。

人間として生きて、いちばん情《なさ》けない人生は、ただ単純《たんじゅん》な毎日のくり返しで生きていること、そこに何らの創意工夫《そういくふう》もなく、何らの積極的な生きがいもなく、何ら人類への新たな貢献《こうけん》もなく、人々の称賛を受けることもなく、唯々諾々《いいだくだく》として毎日を過《す》ごしていくことです。

そういう人生を生きている人にとって、フロンティアの思想を持つということは、まさしく革命的《かくめいてき》なる出来事《できごと》だと思います。

しかし、フロンティア精神を持たずして人生の偉業《いぎょう》を成《な》し遂《と》げた人は、いまだかっていないのです。政治家であろうと、宗教家《しゅうきょうか》であろうと、科学者であろうと、あるいは、どのような方法をとろうと、人生の偉業を成し遂げた人というのは、必ずフロンティアの思想を持っていたのです。

「みずからが開拓しようとするものは、いったい何なのか。それに付随《ふずい》する危《き》険《けん》、あるいは障害《しょうがい》は何なのか。そして、それをどのようにして克服《こくふく》していくか」という観点を、彼《かれ》らは常に忘《わす》れないでいたのです。

どうか、みなさんも、みずからのフロンティア、開拓地とはいったい何なのか、前線基地とは何なのかを考えていただきたいと思います。

2　常勝《じょうしょう》思考

「敵として立ち現《あらわ》れるものが何であるか」ということを問いましたが、私はここで、次のような考えも披露《ひろう》しておきたいと思うのです。

西部劇《せいぶげき》においては、アパッチ族などが登場し、弓矢を射《い》かけて白人たちを殺そうとしていることがあります。しかし、人生においては、みなさんを弓矢で殺そうとしている人はいないのです。これは大事なことです。
みなさんは、そのときどきに、ショックを受けたり苦しみを受けたりすること
もあれば、「人の非難《ひなん》を受けた」と思うこともあるでしょうが、それは決して致《ち》
命的《めいてき》なものではないという考え方が大事なのです。
それは、西部劇を演《えん》じている俳優《はいゆう》たちが、一時期、死んだように見えても、劇
が終われば、みな仲よく話をしているのと同じです。そのように、人生のなかに
おいて、憎《にく》むべき敵として立ち現れた人であっても、それは一時期の役柄《やくがら》、配役
であって、みなさんの本来的な敵ではないのです。
考えてもみてください。積極的に他人を害してやろう、憎んでやろう、相手を
ほんとうに心底だめにしてやろうと考えている人が、いったいどれほどいるで
しょうか。
世の中の大多数の人々は、そうとは思わずに結果的に人を害していることは

あっても、積極的に人を害そうとまでは考えていないものですし、犯罪《はんざい》を犯《おか》した人たちであっても、彼らは彼らなりに、やむにやまれぬ事情でそういうことに陥《おちい》ったと自己弁護《じこべんご》をしているのが常です。つまり、どのような人間であっても、「みずからを積極的な悪人としては想定したくない」という考えがあるのです。

人間はやはり、「多くの人に愛されたい」と願っているのです。「愛されたい」と願う欲求《よっきゅう》が、他人の欲求とぶつかり合ったときに、一時期、憎しみのような感情が流れたり、競《きそ》い合うようなことになったりすることがありますが、結局において、それらは長続きするものではありません。ほんとうは、多くの人たちが「幸せに生きたい」と願っているという事実にしかすぎないのです。

こうしてみると、結局、憎むべき敵もなければ、みずからの前に立ちはだかる壁《かべ》もないということです。

「ほんとうは、みずからの前に立ちはだかる壁はない」という事実は、ニュートンという偉大《いだい》な科学者の場合にも当てはまりました。

アインシュタインはかつて、「幸福なニュートン。自然は彼にとっては開《ひら》かれた書物だった。その文字を読み取るのに、彼は何の苦労もなかった」と語ったことがあります。この言葉は、「真理とは、読み取られるべき姿《すがた》として、ありのまま存在《そんざい》するのであり、それを見せないように立ちはだかる障害は実在しない」ということを語っているのです。

この世の中で、ほんとうに障害として立ち現れるようなものはないのです。ただ、観念の世界において、みずからの障害物、妨害物《ぼうがいぶつ》として立ち現れているかに見えるものがあるということなのです。

それを人間は、「他の人が自分を邪魔しようとしている」「環境《かんきょう》がそれを妨げている」というように考えがちなのですが、実際はそうではありません。ほんとうの世界においては、憎むべき敵もなければ、自分を徹底的《てっていてき》に邪魔しようとする環境もないのです。

仕事にしてもそうです。やっている途中《とちゅう》においては、さまざまな困難《こんなん》にぶち当たるように見えることもありますが、本来、そういうことは解決済《ず》みなのです。結果的には解決済みであり、ほんとうに危機《きき》に瀕《ひん》するということは、そう多くはありません。

さまざまな会社があります。日本国中にどのくらいの数の会社があるか、正確な数は知りませんが、それらの会社のなかでは、日夜《にちや》、さまざまなドラマがくり広げられています。

しかしながら、彼らはそのときどきを苦しんでいたとしても、たいていは、多くの人たちの考えによって、解決の糸口が見いだされ、やがて、それまで考えてもいなかったような方法で、新たな道が開けるのです。その途中において、人間の努力があるということです。

考え方によっては、「いまだかつて、地上にて失敗した人はいない」という見方もあります。これは、「この三次元という世界には、魂《たましい》の修行《しゅぎょう》のために出ているだけであり、本来的には何の失敗もありえない」ということなのです。

映画《えいが》のスクリーンのなかで、さまざまな活劇《かつげき》がくり広げられ、ある者は矢に当たって死んだとしても、実際には、死んだ俳優はいません。それと同じように、みなさんは、この三次元世界において、一時期、映画のなかのドラマを演じているだけであって、本来的にみなさんを害することができるものは何もないのです。「この世で起きる事件は、すべて魂の糧《かて》であり、魂にとっての教訓である」という観点からすれば、みなさんは、決してくじけることもなく負けることもない自分というものを発見するのです。

これを「常勝《じょうしょう》思考」といいます。常に勝っている。常に勝つ。それは、人生において、ドラマのなかにおいて、常に教訓を見いだしていこうとする姿勢です。

どうか、こうした常勝思考を持っていただきたいと思います。

3　積極的姿勢《しせい》

「常勝思考」という話をしましたが、これに付け加えて、「積極的姿勢《しせい》の大切さ」ということも語っておきたいと思います。なぜなら、人間には、自分の心の姿勢に応《おう》じた世界が世の中に展開《てんかい》することが、ままあるからです。

暗い事件を常に追い求めているような人、常に失敗を恐《おそ》れているような人には、やはり、それなりの環境が与《あた》えられることが数多くあります。それは、いじめられっ子が、いつも、どこへ行ってもいじめられるのと同じです。惨《みじ》めな自己像を持っていると、だれかが必ずその人をいじめたくなってくるのです。

ところが、いつも人からほめられている人は、「ほめられる」という雰囲気《ふんいき》が体のまわりに漂《ただよ》っているがゆえに、新たな土地に行っても、また人にほめられるようになってきます。そういう心の雰囲気というものが、あたりに漂ってくるのです。

さすれば、人生の戦いにおいて、常に勝つ、常勝していくためには、「勝っている」という雰囲気を身辺《しんぺん》に漂わす必要があるのではないでしょうか。

すべてのものから教訓を学び、あらゆる失敗から成功の種を探《さが》していく姿勢のなかには、失敗はないのです。

電球を発明する際に千数百回の失敗をした、かの発明王エジソンは、「それは失敗ではなく、その方法では成功しないということを確認《かくにん》したにすぎない。したがって、それ以外の方法での成功はありうるということだ」と述《の》べたと言われています。彼はこういう考え方をしていました。

このような積極的姿勢を持つことは、人生にとって、何ものにもかえがたい力です。

みなさんはほんとうに、毎日、平凡に日々が流れていくことをもって、よいことだと思うでしょうか。ほんとうに、何の事件もない人生が素晴《すば》らしいことだと思うでしょうか。ほんとうに、それがありがたいことだと思うでしょうか。

その途中においては大事件であったり困難であったりしたことは、やがて過ぎ去ったときに、心の糧として残っていくのではないでしょうか。珠玉《しゅぎょく》のごとき経験として残っていくのではないでしょうか。

大切なことは、その教訓をみずからの糧として摂取《せっしゅ》していくという姿勢です。挫折《ざせつ》や失敗と称して、簡単《かんたん》に自分を失敗者にしてしまわないことです。この考え方は非常に大事です。

世の中には自己憐憫型《じこれんびんがた》の人がいます。自己憐憫とは、自分がかわいそうだという考え方です。自分をかわいそうに思って、常に悲劇《ひげき》の主人公にしようとする心理的傾向《けいこう》を持っている人は、決して、ほんとうの幸せをつかむことはできません。こういう人は不幸感覚が異常《いじょう》に強くて、常に人々に同情を求めるような生き方をしているのです。

たとえば、ちょっとした仕事上のつまずきであっても、それを針小棒大《しんしょうぼうだい》に考えたり、ちょっとした間違《まちが》いを、ものすごく巨大《きょだい》な間違いのように思ったり、異性《いせい》のちょっとした言葉を、自分の全人格の否定《ひてい》のように考えてしまったりして、いつも暗い迷路《めいろ》のなかに落ち込《こ》んでいくという人は数多くいます。

そのような、いつも不幸を心に描《えが》いている人は、自己憐憫の性格がないかどうかを、一度、考えてみていただきたいのです。自己憐憫は決して、みなさんを幸せにすることはありません。なぜなら、それは、自分を同情の世界に引き込もうとしているということだからです。

たとえば、みなさんは小さいころ、病気をして、熱が高くなればなるほど、うれしかったことはないでしょうか。三十七度の熱で学校を休むよりは、四十度近い熱で休んだほうが、悲劇の主人公になったようで、友達に言いやすくはなかったでしょうか。高熱を出して何日間も寝《ね》ていると、一種の悲劇の英雄《えいゆう》のような気持ちになって、「これで人々の称賛を勝ちえるのではないか」というような心理状態になったこともあるのではないでしょうか。

こういう心理的傾向は、いろいろなところで出てきます。「ここ一番」というところで、病気をしたり、何らかの口実を見いだしたりするような精神状態に陥《おちい》っていくのです。

たとえば、「試験の時期になると必ず風邪《かぜ》を引く」「大きな試合のときになると必ず体調を崩《くず》す」「見合いのときになると、夜、眠《ねむ》れなくなって顔色が悪い」、こういうことをくり返す人がいます。

これらの人たちには、最初から負け犬意識というものがあって、自分が負けたとき、失敗したときの理由を、あらかじめ考えておこうとする傾向があります。多くの人にほめられるよりは、慰《なぐさ》められることによって、ささやかな幸福感を味わおうとしているのです。

このように、いつも言い訳《わけ》を考えている性格、いつも失敗の自己像を考えている性格は、決して本格的に本人を幸せにすることはないということを知っていただきたいと思います。自己憐憫は決して幸福につながらないのです。

「自分はこんな不幸に陥って、かわいそうだ」と考える、人の同情を引くような性格が自分にあると思ったら、勇気を持って、それを変えていくことです。他人の同情など受け取る必要はないのです。「自分は常に幸福である。自分はいつも積極的である。いつも開拓的である。いつも前向きである」、こういう姿勢でいくということです。

梅《うめ》の花は、雪に埋《う》もれても、やがて、ばさっと雪を払《はら》って、美しい花を外に見せるでしょう。そのように、人間も、人生の雪が自分の体に降《ふ》りかかってきても、枝《えだ》に降りかかってきても、それをやがて、ばさっと振《ふ》り払って、美しい花の姿を見せたいという気持ちを持つべきだと思います。

「雪が降って花が隠《かく》れ、自分は凍《こご》え死《じ》にしそうだ」というようなことばかり言っていないで、枝を揺《ゆ》すり、美しい花を外に見せてみるべきです。

こうした積極的な姿勢こそが、ほんとうの意味での幸福を開拓していくことにつながるのです。

4　雪ダルマ型人生観

ここで、みなさんにすすめておきたい考え方があります。それは「雪ダルマ型人生観」という考え方です。

毎日毎日、いろいろなことが起きます。自分にとって幸運の種、幸福の種となるようなことも起きますが、悩《なや》みの種、心配の種となるようなことも起きます。これが現実の世界です。

しかし、前述《ぜんじゅつ》したように、いつもそのなかに教訓を見いだし、自分の成功の種子を見いだしていくという観点を持っている人は、転げるたびに雪ダルマが大きくなっていくように、どのようなことが起きても、そのつど大きくなっていくしかないのです。

雪ダルマをつくっているときに、たとえ、石ころが入ったり、土が入ったりすることがあっても、それで雪ダルマを大きくすることをやめてしまってはいけません。そうであっても、転げていく過程《かてい》において新しい雪をたくさん付けて、大きく大きくなっていくことができるのです。

このような雪ダルマ型の人生観を持っていることは、人間の器《うつわ》を二倍にも三倍にも大きくしていくうえで、たいへん貴重です。

どうか、小さな石ころや泥《どろ》にとらわれないで、「転げていくたびに大きくなっていく」という考え方を大事にしていただきたいと思います。

たとえば、他人から自分の欠陥《けっかん》を指摘《してき》されたとしても、そのことで、いつまでも泣いていてもしようがないのです。それに対する反応《はんのう》は二通りあります。つまり、それを受け入れないか、受け入れるか、このどちらかです。

心静かに、自分に対する他人の批判《ひはん》を振り返ってみたとき、「どう考えても納《なっ》得《とく》がいかない。その人の誤解《ごかい》、勘違《かんちが》いである」ということならば、その考え方は受け入れないでよいと私は思います。その代わり、誤解を解《と》くべきであれば、努力して説明してみる必要はあるでしょう。

しかし、その人の批判が、「心理的には受け入れたくないけれども、事実をうがっている」という感じがしたならば、いま一度、みずからを振り返ってみなくてはなりません。そして、「これはありがたい教訓を得た」という考え方をしていく必要があると思うのです。

たとえば、霊体質《れいたいしつ》で、「低級霊《ていきゅうれい》、悪霊《あくれい》に憑依《ひょうい》された」と言って悩む人もいますが、私はこういう人にも人生の光明転回《こうみょうてんかい》をすすめたいと思います。

すなわち、悪霊は一種の家庭教師であり、そういうものが憑《つ》いているということは、自分が悟《さと》っていないということを教えてくれているのです。憑依を受けているということは、自分の心が明快ではないということ、明朗《めいろう》ではないということ、幸せではないということ、心のなかに何らかの引っかかりがあるということ、苦難《くなん》や焦《あせ》りがあるということを表《あらわ》しているのです。

したがって、霊障《れいしょう》に悩んでいる人は、まさしく、「〝家庭教師〟が就《つ》いて、自分がいま何を間違っているかを教えてくれている」ということなのです。自分の心のなかのわだかまりを取り除《のぞ》き、希望に燃えた生き方をしていると、そういうものはなくなっていきます。悪霊は去っていくのです。

「あらゆるものを人生の師《し》とし、人生で出会うものすべてを師としていく」という考え方は非常に大事です。「反面教師」という考え方もまたあります。

人生の途上《とじょう》において、素晴らしい人に出会ったときには、率直《そっちょく》にその人を尊敬《そんけい》し、その人からよいものを学んでいく。また、「自分はこういう人にはなりたくないな」という人に出会ったときには、その人の悪い点をつぶさに研究し、自分にそういうところがないかどうかを点検する。そして、そういう要素があれば、その逆《ぎゃく》のことをしていく。このような考え方が大事です。

そうすると、人生で出会う人すべてが、自分の師、先生となる可能性《かのうせい》があるのです。こういう考え方をしている人にとっては、人との交際は非常に大きなメリットを生んでいくことになります。

「よい人とだけ会って、嫌《きら》いな人とは会わない」、これは当然、人間の考えることです。しかし、どうしても会わなければいけない嫌いな人がいるならば、そのなかから、その人が悩んでいる問題や、その人を悪く見せているものが何なのかを学び、みずからはその逆をやっていくという生き方が大事であろうと思います。

自分の隣人《りんじん》や知人のなかに、たとえば経営に失敗した人がいるとして、その失敗をよく研究することによって、自分自身には、予防注射を打ったのと同じような効果が表れることになります。

「自分とよく似《に》た境遇《きょうぐう》にある人の失敗を見たら、そこからいろいろなことを学んでいく。また、自分と違《ちが》った境遇にあって成功している人を見たら、そこからまた学んでいく」という考え方をしている人にとっては、人生は雪ダルマ式に大きくなっていくしかないのです。勝利していくしかないのです。光明に向かっていくしかないのです。

こういう考え方を大いに大事にしていただきたいと思います。

5　限《かぎ》りなき飛翔《ひしょう》のとき

「積極型人生のすすめ」を説いてきましたが、最後に、「限《かぎ》りなき飛翔《ひしょう》のとき」ということについて話をしておきたいと思います。

みなさんは、ときおり、自分自身を振り返って、「自己限定をしていないかどうか」ということを点検しなければならないと思います。人間は、ともすれば自己限定をしがちなのです。

たとえば、「自分はいままで異性にもてたことがない」「自分はいままで勉強して成功したことがない」「自分はいままで仕事で成功したことが一度もない」「自分は人にほめられたことが一度もない」などと考え、「だから、今後もそういうことはありえない」と考えがちな人は数多くいます。

そういう人に対して、私は申し上げたいのです。

なぜ、自分にとって不利なイメージを抱《いだ》き、そのイメージを、あたかも自分自身であるかのごとく、大切に守り抜《ぬ》くのでしょうか。そんなことが、ほんとうに大事なのでしょうか。そういう生き方が、ほんとうに大切な生き方なのでしょうか。知らず知らずのうちに、自己限定をし、自分を縛《しば》っているのは、あなた自身ではないでしょうか。これを考えていただきたいのです。

人間の人生には限りなき飛翔の可能性があるのです。それは二つの観点から言えます。一つは、「自分自身の心を修《おさ》める。自分自身の心をくらりと光明のほうに向け、積極型人生を歩《あゆ》む。それによって、さまざまな問題を解決し、勇気を持って生きていく」という面です。もう一つは、「他人の協力」です。

中国では、「運命が開《ひら》けるときには貴人《きじん》に会う」とよく言います。貴人は「貴《とうと》い人」という意味です。この貴人との出会いが幸運をもたらすと言われています。

これは、日本人であっても、やはり同じことが言えるのではないでしょうか。みなさんの人生が開けるときには、必ず、貴人、貴い人との出会いがあるのではないでしょうか。みなさんにチャンスをもたらしてくれる人との出会いがあるのではないでしょうか。

世の中には、たとえば一万人の人がみなさんに協力したとき、できないことはほとんどないと思います。必ず何かができます。

そして、自力《じりき》でみずからの道を開いていこうと考えている人に対しては、必ず他力《たりき》の光明が助けてくれるようになるのです。

この貴人は、地上に生きている人である場合もあれば、自分自身の守護《しゅご》・指導《しどう》霊《れい》であることもあります。結局、そういう積極的な気概《きがい》を持って毎日を歩んでいる人に対しては、この世の人であっても、この世を去った世界の霊人《れいじん》たちであっても、「何らかの協力をしてやりたい」という気持ちが起きるのです。

会社の社長にしても同じです。ただ黙々《もくもく》と一生懸命《いっしょうけんめい》に働いている社員を見たら、「何とかして彼を抜擢《ばってき》し、もっと重要な仕事を与えたい」という気持ちになりますが、特に何もする気持ちもなく、ただ偉《えら》くなりたいと思っている社員を見れば、やはり腹立ちを感じて、その人を偉くしたくなくなるものです。

自力のなかにおいて、限りなき積極型人生を生きているときには、その人の生きざまに感応《かんのう》して、多くの人たちが協力してくれます。そのときに、みなさんは、自分一人の力では成し遂げられなかったような、偉大な業績をあげることが可能となってくるのです。

どうか、人生の飛翔には限りがないということを知ってください。そのために自力も他力もあるということを知ってください。その根本《こんぽん》として、まず、みずからが積極的態度をとっていただきたいと思います。

これが、みなさんが人生に勝利する秘訣《ひけつ》だと信じて疑《うたが》いません。

第8章

大《だい》宇《う》宙《ちゅう》の意志

1　銀河《ぎんが》と人間

本章では、「大宇宙《だいうちゅう》の意志」について話をしてみたいと思います。

その話をする前提として、まず、この地球に住む人間と大宇宙とのかかわりに関して、若干《じゃっかん》の考察を加えていきたいと考えます。

みなさんは、夏の夜空を見上げて、あの空の星のことを思ったことが、どれほどあるでしょうか。子供《こども》のころ、あるいは青年時代、娘《むすめ》時代に、窓辺《まどべ》に肘《ひじ》を寄《よ》せて夏の夜空を見上げたことが、どれほどあるでしょうか。

あの夏の夜空に浮《う》かぶ神秘的《しんぴてき》な天《あま》の川《がわ》を見上げて、何も感じなかったという人は、非常に数少ないことと思います。大多数の人が、天の川を見上げながら、宇宙の神秘感、ロマン、こうしたものに酔《よ》ったのではないかと思います。

私もまた、天の川というものに、その大宇宙の神秘というものに、長い期間、関心を持ってきました。そして、「七月七日の七夕《たなばた》の時期に織姫《おりひめ》と彦星《ひこぼし》とが会う」という、不思議な不思議な伝説について考えたことが何度もあります。

しかし、こうした幻想的《げんそうてき》な話に酔いしれるだけではなく、現実に立ち返って、もう一度、考えてみる必要があるように思います。その現実とは何かというと、「時間と空間」という問題です。私は、この大銀河《だいぎんが》にある「時間と空間」というものに対しては、非常に異質《いしつ》な感覚を感じるのです。

たとえば、地球からはるかに離《はな》れた星の住人が、現在のみなさんを高度に精密《せいみつ》な望遠鏡で眺《なが》めているとしましょう。そうすると、みなさんの世界はどのように見えるでしょうか。

仮《かり》に、その星と地球とが距離《きょり》にして十光年ほど離れているとすれば、その世界に住んでいる人たちは、おそらく十年前のみなさんの姿《すがた》を見ているはずです。

もっと遠い星に住んでいる人であれば、百年前、二百年前の地球人の姿、あるいは千年前、二千年前の地球人の姿を見ているはずです。

同時に、みなさんが夏の夜空に望遠鏡を向けて眺めてみても、そこに鮮《あざ》やかな光を放《はな》っている星たちのなかには、もうすでに、この世には存在《そんざい》していない星もあるのです。過去に放った光が、数百年、数千年、数万年の時間を経《へ》て、いま、みなさんの目に映《えい》じているだけであって、実際は、その星はすでに存在しないということもあるのです。

このようなことに思いを巡《めぐ》らしてみると、大宇宙の広がりと、そのなかに住む人間の小ささに、思いを致《いた》さないわけにはいかなくなってきます。まことにまことに不思議な感覚だと言えましょうが、こういう大きな世界のなかの小さな個として、個人として、人間が存在するということは、厳然《げんぜん》たる事実であって、何人《なんぴと》もこれを否定《ひてい》することはできないのです。

また、人間の肉体のなかに銀河同様《どうよう》の小宇宙が展開《てんかい》されていることも事実であって、「人間の心臓《しんぞう》が銀河、他の内臓《ないぞう》や諸器官《しょきかん》が他の惑星《わくせい》集団と同じような姿をしている」とも言われています。人間の体内に住んでいる微生物《びせいぶつ》や細胞《さいぼう》から見るならば、人間の体自体も大きな宇宙でしょう。

このように、極微《きょくび》と極大《きょくだい》の世界の中間にあって、人間は、自分というものの姿を客観的に見ることができないでいます。「どういう自分がほんとうなのか。自分は大きいのか、小さいのか」、これが分からず、絶対的尺度《しゃくど》でもって人間のあり方を測《はか》れないでいるのです。

さらに大きな視点《してん》から見たならば、地球というものは銀河の一細胞にしかすぎず、人間は、その細胞の上に住んでいる小さな微生物でしかないのです。

こうした「はかない」という見方、すなわち、「距離的な、尺度的なもので見たときの人間のあり方は非常に不確定なものである」ということを、まず出発点として知っていただきたいと思います。

2　三次元世界の真相

みなさんは、こういう銀河のなかに住んでいるわけですが、この地上世界というものは、「大宇宙と、それに対する地球。その地球の上にいる人間」という観点から考えるだけでは不充分《ふじゅうぶん》です。

実は、この三次元宇宙、大銀河を包摂《ほうせつ》する三次元宇宙というものも、四次元以降の大霊界《だいれいかい》から見たならば、ぽっかりと浮かんだ姿となっているのです。それはちょうど水槽《すいそう》のなかの世界のようなものです。大宇宙を超《こ》える四次元以降の実在《じつざい》世界《せかい》から見たならば、三次元宇宙は、部屋のなかに置かれた水槽のようなものなのです。

そして、水槽のなかにある石ころが実は大きな惑星集団であったり、石の小さな細胞が地球や太陽であったりするのです。もう少し大きく拡大《かくだい》してみたとしても、せいぜい金魚として泳いでいるものが人間であると言ってよいかもしれません。

いずれにせよ、広大無辺と思われる三次元の大宇宙も、四次元以降の多次元世界から見たならば、閉じ込《こ》められた小さな世界であるという観点があるのです。

また、四次元以降の実在界に住む人間から見たならば、三次元世界の住人というものは違《ちが》った目で見えるということを知らなくてはなりません。それはどういうことかというと、結局、四次元以降の世界は、時間というものが、この三次元とは違った世界であるということです。

たとえば、ある高級霊《こうきゅうれい》が、地上の人を指導しようとして、この地上に近づいてきたとします。そして、地上の人を見ると、その人の現在の生活のあり方だけではなく、その人の過去の姿も手に取るように分かってきます。また、その人の未来の姿も、同じく、ある程度《ていど》の確度で分かってきます。すなわち、そこにいる人の姿が二重写し、三重写しになって見えてくることが実際にあるわけです。

このように、あの世の世界から見たならば、この世もまた、非常に不確定な、不思議な世界に見えるということを知らなくてはなりません。

みなさんは、三次元の生活に流されていると、「この世には当然のルールがあって、このルールは絶対不変のものだ」と考えがちです。しかし、実は、みなさんが絶対不変のものと考えがちな、この世の存在ルールは、必ずしも絶対的真理ではないのです。

みなさんがその存在感を確《たし》かめることのできる、机《つくえ》、いす、建物、大地、山、こういうものであっても、異次元《いじげん》の目から見れば、やがて崩壊《ほうかい》していく姿、消え去っていく姿が見えたり、あるいは、それらが出現する前の姿が見えたりすることがありうるのです。

たとえば、異次元の霊が三次元世界にある机を見たならば、それがやがて壊《こわ》されていく姿も見えるし、あるいは、その机ができる前の過程《かてい》も見えるのです。その机がまだ山の木であったころのことも分かります。そういうことを専門にする霊もいて、机なら机を見たときに、それがどういう木であったのかを判定することができるのです。

このように、実は、過去・現在・未来が同一《どういつ》時空間のなかにあるように見えることもあるということ、そういう異質な目もあるということを知っていただきたいと思うのです。

したがって、みなさんは非常に不確定な世界のなかにいます。その大きさにおいて不確定、時間的流れにおいて不確定、こういう不確定のなかにおいて、みなさんはいま、時の流れのなかを泳いでいるにしかすぎない、あるいは浮かんでいるにしかすぎないということを知っていただきたいと思います。

3　虚飾《きょしょく》を去れ

そういう不確定な時空間のなかに住んでいるみなさんにとって、大切な教えとはいったい何でしょうか。どのような考え方が、そういう偉大《いだい》な空間のなかに浮かぶ粟粒《あわつぶ》のごとき地球に住むみなさんにとって、大事なのでしょうか。あるいは、高次元世界のなかに包摂される、この地球人にとって、大事なことなのでしょうか。

私はそれを一言《ひとこと》に要約してみたいと思います。その一言がいったい何であるかといえば、「虚飾《きょしょく》を去れ」ということです。

虚飾、虚《むな》しい飾《かざ》りとは、特殊《とくしゅ》な三次元的なる飾りです。三次元的なる発想です。三次元的なる価値《かち》です。こういう虚飾を去るところから、自分の、また自分たちの、真実の姿というものを見ることが始まっていくのです。

では、みなさんの実際の生活において、何が虚飾であるのかを考えてみたいと思います。

その虚飾の最たるものの一つに、価値観というものが挙《あ》げられます。その価値観のなかには、たとえば、自己《じこ》の重要度というものもあります。それは、会社の肩書《かたがき》や名刺《めいし》、学歴、金銭といったものです。

しかし、この価値観にも二重の構造があるということを、みなさんは知らなくてはなりません。その二重の構造とは、「真理としての価値があるかないか」という観点と、「有用性としての価値があるかないか」という観点です。

こうしてみると、真理価値と、有用価値あるいは実用価値という二つの面から見て、この両者を含《ふく》むものが、実は、あの世的にも通用する価値であって、この世的なる有用性、実用性だけを表《あらわ》している価値というものは、来世的《らいせてき》観点からすれば、虚飾となっていくことが多いのです。

たとえば、この世的な地位を得た人のなかには、あの世的にも通用する人は充分にいるわけです。この世的に指導者となった人のなかで、実在界に還《かえ》っても指導者をするような人もいることは事実です。したがって、社長をやっている、大臣をやっているということが、必ずしも、その人が虚《むな》しい人生を生きているということにはならないのです。こういう観点が一つにはあります。

しかし、そのような職業に就《つ》いていても、ほんとうは地位欲《ちいよく》や名誉欲《めいよよく》だけでやっているような人もいるわけです。こういう人にとっては、地位というものは、実は、この世的な実用価値にしかすぎない、あるいは有用価値にしかすぎないのであって、あの世に通用するような価値、すなわち真理価値を内包していないと言えるのです。

みなさんは、この世的なる価値を見ていくときに、それが単に、この世界に通用するだけの有用価値、実用価値であるのか、あるいは、霊界をも貫《つらぬ》く真理価値を含んでいるものであるのか、こういう観点を考えていかねばなりません。

金銭もそうです。金銭の額《がく》そのものにとらわれるならば、それは、この世的なる有用価値にしかすぎませんが、それがもっと高度な観点から使われるならば、真理価値に転換《てんかん》することもあるのです。

大切なことは、「みなさんは、目覚めた目でもって、この世の価値観というものを、もう一度、考えてみる必要がある。そのためには、一度、自分自身の心を裸《はだか》にしなくてはならない」ということです。これを、仏教では古来、「反省」という言葉で呼《よ》んでいます。自分自身の心を振《ふ》り返り、虚飾、虚しい飾りを去っていくのです。

自分のとらわれが、ほんとうの意味で、意味のないとらわれであったのか。とらわれのなかにも、有用なものがあったのか。その有用さと有害さとを比較《ひかく》してみたときに、どちらがより多かったのか。あるいは、自分のためによかれと思ってやったことが、他の人を害することにつながっていたのではないか。このような反省は、幾《いく》ら考えても考えても、きりがないほどの題材を提供することになります。

みなさんは、こういう観点、「虚飾を去るための反省」という観点を、どこかで必ず思い起こす必要があるのです。なぜなら、それは、「この世でしなければ、この世を去った世界、実在界に還るときに必ずしなければならない」という意味において、避《さ》けることができないプロセスであるからです。必ず、「虚飾を去る」という瞬間《しゅんかん》を持たねばならないのです。

そうであるならば、一日一日を自分の一生の一部分と考え、また、一生の独立単位として考え、毎日毎日、「虚飾がなかったかどうか。自分自身の心に驕《おご》りがなかったかどうか」ということを反省してみる必要があるのではないでしょうか。

4　空手《くうしゅ》にして立つ

人間は、自分がいままでに手に入れてきたこと、手に入れてきた経験、物、財貨、こういうものを判断材料として、それを現在の自分のあるべき地点として、それから先のことを考えがちです。

すなわち、年収が五百万円の人であるならば、年収が五百万円から増えることしか考えないのであって、そもそも年収がないというような状態は考えていません。

あるいは、会社をつくり、発展《はってん》させてきた人であるならば、現在の会社の規模《きぼ》は当然の視点としてあり、これからどうするかを考えることはあっても、そもそも、会社があるということはどういう意味なのかを深く考えないで過《す》ごしてしまうことが、ままあるようです。

実は、悩《なや》みの多くは、このような、現在の自分のあり方を当然とする観点から発生しているのです。

たとえば、夫との関係で悩んでいる主婦もいますが、そういう人々の発想としては、「現在の自分と夫がいて、夫に定職があり、子供があり、家がある」ということを当然としたうえで、自分に対する夫の優《やさ》しさの不在を嘆《なげ》くことが多いように思います。

しかし、「はたして、自分が当然としている立場が、ほんとうにそうであったのかどうか」ということです。

「現在の夫に出会わなかったら、自分はいま何をしているだろうか」、こういうことを考えたことがあるでしょうか。「家がなかったら、どうだろうか。子供が生まれていなかったら、どうだろうか。あるいは、自分が結婚《けっこん》できたのは、両親が健在だったからかもしれない。もし自分が生まれてすぐ両親が亡《な》くなっていたら、いったいどうなっていただろうか」ということです。

こう考えてみるとき、自分の悩みの根源《こんげん》となっている、「こうであって当然」という前提が、実は当然のことではないということに気づくのです。

このように、みなさんの悩みは、第三者から見たならば、あるいは仏《ほとけ》の目から見たならば、あるいは霊界の人間から見たならば、当然でないことが多いのです。

それは、両手にいっぱい物を握《にぎ》っておりながら、それ以上に荷物を持とうとしている人とよく似《に》た姿となります。右手に手荷物をいっぱい持ち、左手にもいっぱい持ち、背中《せなか》にも背負《せお》いながら、さらに、「あそこに宝石《ほうせき》の山がある」というので、それを何とかして風呂敷包《ふろしきづつ》みにくるんで持って帰ろうとしている人の姿に、よく似ているように見えます。

こういう悩みのときには、「一度、自分の心を裸にし、原点に帰ってみる」という思考が大事です。心のなかですべてをゼロにしてしまうことです。いままで当然と思っていた自分の前提を外してみることです。

そして、「空手《くうしゅ》にして立つ」ということを考えてみていただきたいと思うのです。「空《から》っぽの手でもって立つ」ということです。「自分が手に持っている荷物をいったん捨《す》ててみる」ということです。それを捨てたときに、いったい何が残るでしょうか。

学歴を取っても同じようなことがあります。有名大学を出ると、一生、そのことばかりで頭がいっぱいになったりします。「おれは有名大学を出たのに、彼《かれ》より出世《しゅっせ》が遅《おく》れるとはおかしい」「おれは有名大学を出たのに、彼と年収が同じであるのはおかしい」というような考え方が幾らでもあります。

ただ、これも、その「有名大学」というレッテルを取り除《のぞ》き、「裸の人間として、自分はいったいどこまで通用するだろうか。どれほど通用するだろうか」と考えたとき、なかなか、そう満足できる自分の姿ではないことに気づくのではないでしょうか。

自信というものを大事にすることは必要ですが、その自信の根源となっている事実がほんとうに当然のものなのか、それを取り去ったときにいったいどうなのかということを考えてみる必要があるのです。

私は一九八六年に大手商社を退社して、幸福の科学の活動に取り組んだわけですが、私自身、このときに、「空手にして立つ」ということを実感しました。

会社に入るまでの学問の集積、会社に入ってからのさまざまな仕事のキャリア、友人や上司の引き立て、年収、会社の信用、そういうものを取り去ったあと、自分に何が残るかということを考えたとき、私もまた、虚飾を去り、「空手にして立つ」ということを実感せざるをえなかったのです。

ほんとうに、自分の心一つを「てこ」として、立脚点《りっきゃくてん》として、やっていかざるをえませんでした。頼《たよ》りになるのは自分自身だけであり、自分自身の考えと行動以外に何もなかったわけです。

こうして始めた幸福の科学が、いまでは、世界的な規模へと広がってきていま す。そのなかにあっても、私がときおり振り返ることは、この「空手にして立つ」ということです。

もともと何もないところから始めたものです。何もなしで始めたこの団体、資本金もなければ職員もいないところから始めたこの団体、これが現在の姿にまでなったのですから、今後どのような困難《こんなん》があったとしても、いつでも裸となって空手にして立つ覚悟《かくご》さえあれば、困《こま》ることはないであろうと考えています。

5　大宇宙《だいうちゅう》の意志

ミクロとマクロの両面から人間というものを考えてきましたが、大事なことは、「大宇宙から見れば一細胞にしかすぎないような、この地球であっても、そして、その細胞のなかの小さなバクテリアにしかすぎないように見える人間であっても、そのなかには大宇宙《だいうちゅう》の意志そのものが流れている」という偉大な真実、これを知らなくてはならないということです。これは非常に大事なことなのです。

「小さなものであるか、大きなものであるか」という量的なもの、規模的なものだけで、ほんとうは物事の重要性の判断はできないのです。やはり、底を貫《つらぬ》いているもの、あるいは、その核《かく》になるものが何であるのかが大事なのです。

私は、「人間は結局、核になるものさえ間違《まちが》っていなければ、大いなる成功の道を歩《あゆ》んでいけるものだ」と思っています。

大銀河に比して、自分が小さな存在であろうとも、大霊界に比して、自分の存在が小さなものであるとしても、人間として、思い、考え、行動する、この自分という個性の中核《ちゅうかく》にある部分、核にある部分さえ本物であるならば、やがて、みなさんの思考と行動は大宇宙の意志につながり、大宇宙の意志に何らかの貢献《こうけん》をしていくのです。

みなさんは、「極微であるか、極大であるか」という観点は別として、自分自身のなかにある核が、真理の炎《ほのお》、光を体現《たいげん》しているかどうかを、常々《つねづね》、振り返ってみる必要があります。

自分自身のなかにある核が、大宇宙の意志につながっており、大宇宙の意志を表《あらわ》しており、大宇宙の意志にその根拠《こんきょ》を求めているとするならば、何も恐《おそ》れることはないのです。「いつでも裸となり、空手にして立つ」という覚悟を持って、この三次元世界を不退転《ふたいてん》の決意の下《もと》に生きていくならば、やがて前途《ぜんと》に大いなる道が開《ひら》け、成功の大街道《だいかいどう》に出ることも可能《かのう》であろうと思います。

要は、自分の内なる核が、大宇宙の「生成、化育《かいく》、発展、繁栄《はんえい》」という意志と一致《いっち》しているかどうかです。

みなさんも、常《つね》に、「大宇宙の意志と自分の意志とを融合《ゆうごう》させる。統一させる」ということを考えていただきたいと思います。

そのためには、「祈《いの》り」ということも、また一つの意味を持っています。この祈りについては、別の機会に詳《くわ》しく考えてみたいと思います。

あとがき

本書は、主として幸福という観点から、人間を変える方法について語ってきました。その内容はさまざまでありますが、私が言いたかったことの基本は、「幸福というものは、自分が得ようとして、あるいは他人から奪《うば》おうとして、手に入れられるものではない。まず、多くの人々を幸福にせんと決意したときに、幸福はみずから自分のもとに来たるのである」ということです。

それが、「与《あた》える愛」、あるいは「観の転回」「正しき心の探究《たんきゅう》」、そういうふうないろいろなテーマで語られていると思います。

そして、本書の特色とされるべきものとして、「私自身の思想の断片《だんぺん》でもあり、かつ思想の核《かく》でもあるものが、各章にちりばめられている」ということがあげられると思います。

第3章の「人類幸福化《こうふくか》への旅立ち」にしても、第4章の「信仰《しんこう》の原点」にしても、第5章「春爛漫《はるらんまん》」にしても、第6章の「勇気の原点」にしても、あるいはその次の「積極型人生のすすめ」「大宇宙《だいうちゅう》の意志」の各章にしても、それぞれのテーマで一冊《いっさつ》の書物を書き著《あらわ》すだけの内容があるものだと私は信じています。

そうした深い内容を持つテーマが、ごく短いページ数で語られているということ自体が、多くの人々にとって、本書が格好な手引書となるという意味合いをもっていると思います。

主として初級用のテキストとしてつくられた本でありますが、この本を二読、三読することによって、おそらく中級、上級の力がつくことと思います。本書を機縁《きえん》として、数多くの人が「幸福の科学」に参加され、さらに多くのことを学ばれることを心から願っております。

二〇〇二年　九月

幸福《こうふく》の科学《かがく》グループ創始者兼総裁《そうししゃけんそうさい》　大川隆法《おおかわりゅうほう》

本書は左記の論考・法話をとりまとめたものです。

第1章　幸福の原点　書き下ろし小冊子
第2章　与える愛について　一九八八年初級セミナー（四月三日）
——「幸福の原点」講義　東京都・社会文化会館にて
第3章　人類幸福化への旅立ち　月刊「幸福の科学」一九八八年一月号
第4章　信仰の原点　月刊「幸福の科学」一九八八年二月号
第5章　春爛漫　月刊「幸福の科学」一九八八年三月号
第6章　勇気の原点　月刊「幸福の科学」一九八八年四月号
第7章　積極型人生のすすめ　月刊「幸福の科学」一九八八年五月号
第8章　大宇宙の意志　月刊「幸福の科学」一九八八年六月号

『幸福の原点』関連書籍

『愛の原点』（大川隆法 著　幸福の科学出版刊）
『繁栄の法則』（同右）

本書は一九八八年十二月に発刊された
旧版を改訂したものです。

幸福《こうふく》の原点《げんてん》 ―人類幸福化への旅立ち―

2002年9月30日　初版第1刷
2024年12月3日　第11刷

著　者　大《おお》川《かわ》隆《りゅう》法《ほう》

発行所　幸福の科学出版株式会社
〒107-0052 東京都港区赤坂2丁目10番8号
TEL(03)5573-7700
https://www.irhpress.co.jp/

印刷　株式会社 研文社
製本　株式会社 ブックアート

落丁・乱丁本はおとりかえいたします

ISBN978-4-87688-360-8 C0014

大川隆法ベストセラーズ・真実の愛を知るために

愛の原点
優しさの美学とは何か

この地上を優しさに満ちた人間で埋め尽くしたい――。人間にとって大切な愛の教えを、限りなく純粋に語った書。「現代の四正道」の第一原理である「愛」を深めたいあなたに。

1,650円

愛、無限
偉大なる信仰の力

真実の人生を生きる条件、劣等感や嫉妬心の克服などを説き明かし、主の無限の愛と信仰の素晴らしさを示した現代の聖書。

1,760円

人を愛し、人を生かし、人を許せ。
豊かな人生のために

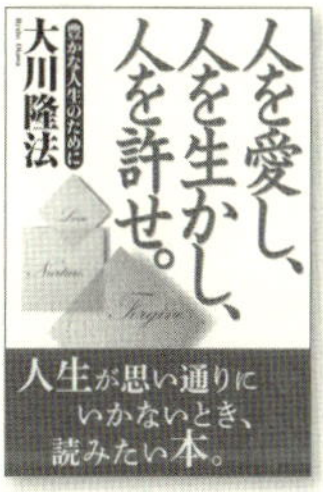

愛の実践や自助努力の姿勢など、豊かな人生への秘訣を語る、珠玉の人生論。心を輝かす数々の言葉が、すがすがしい日々をもたらす。

1,650円

原説・『愛の発展段階説』
若き日の愛の哲学

著者が宗教家として立つ前、商社勤めをしながら書きためていた論考を初の書籍化。思想の出発点である「若き日の愛の哲学」が説かれた宝物のような一冊。

1,980円

幸福の科学出版

大川隆法ベストセラーズ・積極型人生を歩む

ダイナマイト思考

ミラクル宣言

心の導火線に火をつけよ！　無限の力に目覚めよ！　善念を結集して爆発的な力を生じさせ、正義と発展を実現するための書。

1,870円

常勝思考

人生に敗北などないのだ。

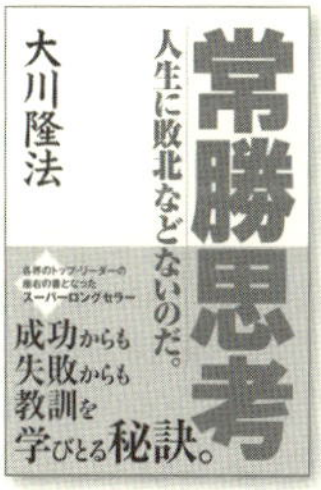

あらゆる困難を成長の糧とする常勝思考の持ち主にとって、人生はまさにチャンスの連続である。成功からも失敗からも教訓を学びとり、人生に勝利するための秘訣がここに。

1,602円

繁栄思考

無限の富を引き寄せる法則

豊かになるための「人類共通の法則」が存在する――。その法則を知ったとき、あなたの人生にも、繁栄という奇跡が起きる。

2,200円

Think Big！

未来を拓く挑戦者たちへ

できない言い訳を考えるよりも、できる可能性を探すことに、人生を賭けてみよう。日本人的な縮み思考から脱け出して人生を切り拓くための青春の指針。

1,650円

大川隆法ベストセラーズ・実りある人生を目指して

成功の法

法シリーズ 第9巻

真のエリートを目指して

愛なき成功者は、真の意味の成功者ではない。個人と組織の普遍の成功法則を示し、現代人に勇気と希望を与える導きの光がここにある。

1,980円

私の人生論

「平凡からの出発」の精神

「『努力に勝る天才なし』の精神」「信用の獲得法」など、著者の実践に裏打ちされた「人生哲学」──。人生を長く輝かせ続けるための深い智慧が示された一冊。

1,760円

若い人の仕事術入門

求められる人材になるための心構え

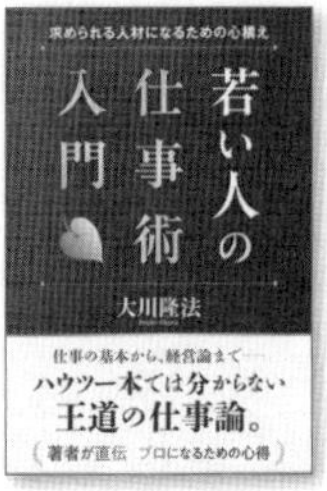

プロを目指すあなたに届けたい。仕事の基本から経営論まで、大川隆法総裁が実体験に基づき分かりやすく解説する、激動の時代を生き抜くための仕事術入門。

1,760円

生涯現役人生

100歳まで幸福に生きる心得

「生涯現役」は、まず心構えと継続する努力から始まる──。唯物論や運命決定論に負けずに信念を貫く「無限界人間」を目指すための心得が説かれる。

1,650円

※表示価格は税込10%です。

大川隆法ベストセラーズ・霊的人生観を深める

永遠の法

法シリーズ 第3巻

エル・カンターレの世界観

すべての人が死後に旅立つ、あの世の世界。天国と地獄をはじめ、その様子を明確に解き明かした、霊界ガイドブックの決定版。

2,200円

秘密の法

法シリーズ 第27巻

人生を変える新しい世界観

あなたの常識を一新させ、世界がより美しく、喜びに満ちたものになるように——。降魔の方法や、神の神秘的な力、信仰の持つ奇跡のパワーを解き明かす。

2,200円

永遠の生命の世界

人は死んだらどうなるか

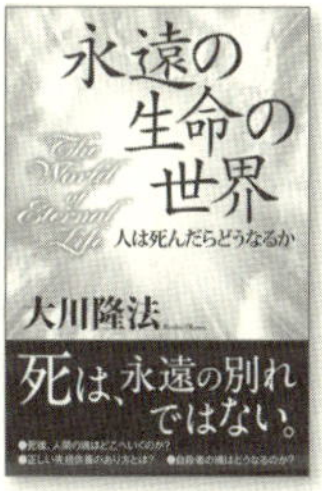

死は、永遠の別れではない——。死後の魂の行き先、脳死と臓器移植の問題、先祖供養のあり方など、あの世の世界の秘密が明かされる。

1,650円

新・心の探究

神の子人間の本質を探る

心の諸相、心の構造、浄化法、心の持つ力学的性質、心の段階、極致の姿など、人間の「心」の実像をさまざまな角度から語った、心の探究についての基本書(2023年10月改版)。

1,100円

大川隆法ベストセラーズ・信仰を持って生きる

信仰の法

法シリーズ 第24巻

地球神エル・カンターレとは

さまざまな民族や宗教の違いを超えて、地球をひとつに――。文明の重大な岐路に立つ人類へ、地球神エル・カンターレからのメッセージがここに。

2,200円

メシアの法

法シリーズ 第28巻

「愛」に始まり「愛」に終わる

「この世界の始まりから終わりまで、あなた方と共にいる存在、それがエル・カンターレ」――。現代のメシアが示す、本当の「善悪の価値観」と「真実の愛」。

2,200円

信仰のすすめ

泥中の花・透明な風の如く

どんな環境にあっても、自分なりの悟りの花を咲かせることができる。幸福の科学の教え、その方向性、そして、信仰の意義が説き明かされる。

1,650円

信仰と情熱

プロ伝道者の条件

多くの人を救う光となるために――。普遍性と永遠性のある「情熱の書」であり、仏道修行者として生きていく上で不可欠の指針が示された「ガイドブック」。

1,870円

※表示価格は税込10%です。

大川隆法ベストセラーズ・主なる神エル・カンターレを知る

太陽の法

法シリーズ 第1巻

エル・カンターレへの道

創世記や愛の段階、悟りの構造、文明の流転を明快に説き、主エル・カンターレの真実の使命を示した、仏法真理の基本書。25言語で発刊され、世界中で愛読されている大ベストセラー。

2,200円

真実を貫く

人類の進むべき未来

混迷する世界情勢、迫りくる核戦争の危機、そして誤った科学主義による唯物論の台頭……。地球レベルの危機を乗り越えるための「未来への指針」が示される。

1,760円

地球を包む愛

人類の試練と地球神の導き

日本と世界の危機を乗り越え、希望の未来を開くために――。天御祖神の教えと、その根源にある主なる神「エル・カンターレ」の考えが明かされた、地球の運命を変える書。

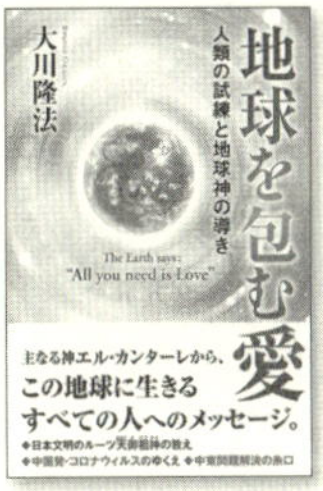

1,760円

幸福の科学グループのご案内

宗教、教育、政治、出版などの活動を通じて、地球的ユートピアの実現を目指しています。

幸福の科学

一九八六年に立宗。信仰の対象は、地球系霊団の最高大霊、主エル・カンターレ。世界百七十四カ国以上の国々に信者を持ち、全人類救済という尊い使命のもと、信者は、「愛」と「悟り」と「ユートピア建設」の教えの実践、伝道に励んでいます。

（二〇二四年十一月現在）

愛

幸福の科学の「愛」とは、与える愛です。これは、仏教の慈悲《じひ》や布施《ふせ》の精神と同じことです。信者は、仏法真理をお伝えすることを通して、多くの方に幸福な人生を送っていただくための活動に励んでいます。

悟り

「悟り」とは、自らが仏の子であることを知るということです。教学《きょうがく》や精神統一によって心を磨き、智慧《ちえ》を得て悩みを解決すると共に、天使・菩薩《ぼさつ》の境地を目指し、より多くの人を救える力を身につけていきます。

ユートピア建設

私たち人間は、地上に理想世界を建設するという尊い使命を持って生まれてきています。社会の悪を押しとどめ、善を推し進めるために、信者はさまざまな活動に積極的に参加しています。

幸福の科学の教えをさらに学びたい方へ

心を練る。叡智《えいち》を得る。
美しい空間で生まれ変わる——

幸福の科学の精舎《しょうじゃ》

幸福の科学の精舎《しょうじゃ》は、信仰心《しんこうしん》を深め、悟《さと》りを向上させる聖なる空間です。全国各地の精舎では、人格向上のための研修や、仕事・家庭・健康などの問題を解決するための助力が得られる祈願《きがん》を開催《かいさい》しています。研修や祈願に参加することで、日常で見失いがちな、安らかで幸福な心を取り戻《もど》すことができます。

総本山・正心館

総本山・未来館

総本山・日光精舎

総本山・那須精舎

東京正心館

全国に27精舎を展開

運命が変わる場所 ——

幸福の科学の支部《しぶ》

幸福の科学は1986年の立宗《りっしゅう》以来、「私、幸せです」と心から言える人を増やすために、世界各地で活動を続けています。

国内では、全国に400カ所以上の支部が展開し、信仰《しんこう》に出合って人生が好転する方が多く誕生しています。

支部では御法話拝聴会、経典学習会、祈願、お祈り、悩み相談などを行っています。

支部・精舎のご案内

happy-science.jp/whats-happy-science/worship

海外支援・災害支援

幸福の科学のネットワークを駆使し、世界中で被災地復興や教育の支援をしています。

毎年２万人以上の方の自殺を減らすため、全国各地でキャンペーンを展開しています。

公式サイト **withyou-hs.net**

自殺防止相談窓口

受付時間　火〜土:10〜18時（祝日を含む）

TEL **03-5573-7707**　メール **withyou-hs@happy-science.org**

視覚障害や聴覚障害、肢体不自由の方々と点訳・音訳・要約筆記・字幕作成・手話通訳等の各種ボランティアが手を携えて、真理の学習や集い、ボランティア養成等、様々な活動を行っています。

公式サイト **helen-hs.net**

入会のご案内

幸福の科学では、主エル・カンターレ 大川隆法総裁が説く仏法真《ぶっぽうしん》理《り》をもとに、「どうすれば幸福になれるのか、また、他の人を幸福にできるのか」を学び、実践しています。

入 会

仏法真理を学んでみたい方へ

主エル・カンターレを信じ、その教えを学ぼうとする方なら、どなたでも入会できます。入会された方には、『入会版「正心法語《しょうしんほうご》」』が授与されます。
入会ご希望の方はネットからも入会申し込みができます。
happy-science.jp/joinus

三帰《さんき》誓願《せいがん》

信仰をさらに深めたい方へ

仏弟子としてさらに信仰を深めたい方は、仏《ぶっ》・法《ぽう》・僧《そう》の三宝《さんぽう》への帰依を誓う「三帰誓願式」を受けることができます。三帰誓願者には、『仏説・正心法語』『祈願文《きがんもん》①』『祈願文②』『エル・カンターレへの祈り』が授与されます。

幸福実現党

内憂外患《ないゆうがいかん》の国難に立ち向かうべく、2009年5月に幸福実現党を立党しました。創立者である大川隆法党総裁の精神的指導のもと、宗教だけでは解決できない問題に取り組み、幸福を具体化するための力になっています。

幸福実現党　党員募集中

あなたも幸福を実現する政治に参画しませんか。

＊申込書は、下記、幸福実現党公式サイトでダウンロードできます。
住所：〒107-0052
東京都港区赤坂2-10-8 6階 幸福実現党本部

TEL 03-6441-0754　FAX 03-6441-0764
公式サイト hr-party.jp

HS政経塾

大川隆法総裁によって創設された、「未来の日本を背負う、政界・財界で活躍するエリート養成のための社会人教育機関」です。既成の学問を超えた仏法真理を学ぶ「人生の大学院」として、理想国家建設に貢献する人材を輩出するために、2010年に開塾しました。これまで、多数の地方議員が全国各地で活躍してきています。

TEL 03-6277-6029
公式サイト hs-seikei.happy-science.jp

ハッピー・サイエンス・ユニバーシティ

Happy Science University

ハッピー・サイエンス・ユニバーシティとは

ハッピー・サイエンス・ユニバーシティ（HSU）は、
大川隆法総裁が設立された「日本発の本格私学」です。
建学の精神として「幸福の探究と新文明の創造」を掲げ、
チャレンジ精神にあふれ、新時代を切り拓く人材の輩出を目指します。

人間幸福学部　経営成功学部　未来産業学部

HSU長生キャンパス　TEL **0475-32-7770**
〒299-4325　千葉県長生郡長生村一松丙 4427-1

未来創造学部

HSU未来創造・東京キャンパス
TEL **03-3699-7707**
〒136-0076　東京都江東区南砂2-6-5　公式サイト **happy-science.university**

学校法人 幸福の科学学園

学校法人 幸福の科学学園は、幸福の科学の教育理念のもとにつくられた教育機関です。人間にとって最も大切な宗教教育の導入を通じて精神性を高めながら、ユートピア建設に貢献する人材輩出を目指しています。

幸福の科学学園

中学校・高等学校（那須本校）
2010年4月開校・栃木県那須郡（男女共学・全寮制）
TEL **0287-75-7777**　公式サイト **happy-science.ac.jp**

関西中学校・高等学校（関西校）
2013年4月開校・滋賀県大津市（男女共学・寮及び通学）
TEL **077-573-7774**　公式サイト **kansai.happy-science.ac.jp**

仏法真理塾「サクセスNo.1」

全国に本校・拠点・支部校を展開する、幸福の科学による信仰教育の機関です。小学生・中学生・高校生を対象に、信仰教育・徳育にウエイトを置きつつ、将来、社会人として活躍するための学力養成にも力を注いでいます。

TEL 03-5750-0751(東京本校)

エンゼルプランV

東京本校を中心に、全国に支部教室を展開。信仰をもとに幼児の心を豊かに育む情操教育を行い、子どもの個性を伸ばして天使に育てます。

TEL 03-5750-0757(東京本校)

エンゼル精舎

乳幼児が対象の、託児型の宗教教育施設。エル・カンターレ信仰をもとに、「皆、光の子だと信じられる子」を育みます。
(※参拝施設ではありません)

不登校児支援スクール「ネバー・マインド」

TEL 03-5750-1741

心の面からのアプローチを重視して、不登校の子供たちを支援しています。

ユー・アー・エンゼル!(あなたは天使!)運動

障害児の不安や悩みに取り組み、ご両親を励まし、勇気づける、障害児支援のボランティア運動を展開しています。

一般社団法人 ユー・アー・エンゼル
TEL 03-6426-7797

NPO活動支援

学校からのいじめ追放を目指し、さまざまな社会提言をしています。また、各地でのシンポジウムや学校への啓発ポスター掲示等に取り組む一般財団法人「いじめから子供を守ろうネットワーク」を支援しています。

公式サイト mamoro.org　ブログ blog.mamoro.org
相談窓口 TEL.03-5544-8989

百歳まで生きる会～いくつになっても生涯現役～

幸福の科学

「百歳まで生きる会」は、生涯現役人生を掲げ、友達づくり、生きがいづくりを通じ、一人ひとりの幸福と、世界のユートピア化のために、全国各地で友達の輪を広げ、地域や社会に幸福を広げていく活動を続けているシニア層(55歳以上)の集まりです。

【サービスセンター】TEL 03-5793-1727

シニア・プラン21

「百歳まで生きる会」の研修部門として、心を見つめ、新しき人生の再出発、社会貢献を目指し、セミナー等を開催しています。

【サービスセンター】TEL 03-5793-1727

幸福の科学出版

大川隆法総裁の仏法真理の書を中心に、ビジネス、自己啓発、小説など、さまざまなジャンルの書籍・雑誌を出版しています。他にも、映画事業、文学・学術発展のための振興事業、テレビ・ラジオ番組の提供など、幸福の科学文化を広げる事業を行っています。

アー・ユー・ハッピー?
are-you-happy.com

ザ・リバティ
the-liberty.com

THE FACT

YouTubeにて随時好評配信中!

ザ・ファクト

マスコミが報道しない「事実」を世界に伝えるネット・オピニオン番組

公式サイト **thefact.jp**

幸福の科学出版

TEL **03-5573-7700**

公式サイト **irhpress.co.jp**

NEW STAR PRODUCTION

ニュースター・プロダクション

「新時代の美」を創造する芸能プロダクションです。多くの方々に良き感化を与えられるような魅力あふれるタレントを世に送り出すべく、日々、活動しています。 公式サイト **newstarpro.co.jp**

ARI Production

ARI《アリ》 Production《プロダクション》

タレント一人ひとりの個性や魅力を引き出し、「新時代を創造するエンターテインメント」をコンセプトに、世の中に精神的価値のある作品を提供していく芸能プロダクションです。 公式サイト **aripro.co.jp**